产业基金扶贫
实践与探索

国投创益产业基金管理有限公司　组织编写

中国人民大学出版社
·北京·

编 委 会

序　言

随着财政综合扶贫政策体系的逐步完善和政府开发投入力度的不断加大，贫困地区生产生活条件得到明显改善，经济社会发展步伐不断加快。但从根本上看，贫困地区长远发展，必须通过发展产业、增强造血功能、提高自我发展能力来实现。由于贫困地区投资环境差、回报率低，社会资本进入意愿不强，产业发展的长期投资比较缺乏。在这种情况下，需要政府积极引导，发挥财政资金杠杆作用，带动社会资本支持贫困地区发展。

习近平总书记指出："发展产业是实现脱贫的根本之策。要因地制宜，把培育产业作为推动脱贫攻坚的根本出路。"所谓产业扶贫，主要是指在贫困地区或贫困群体中培育可持续发展的产业，通过产业发展让贫困者获得可持续性发展机会的一种扶贫模式。在中央布局的脱贫攻坚战"五个一批"工程中，产业扶贫是处于第一位的工程。

党的十八大以来，经国务院批准，由财政部、中国烟草总公司、国家开发投资集团有限公司（简称国投集团）于 2014 年 6 月共同发起设立了贫困地区产业发展基金；由国务院国资委牵头，财政部参与，国投集团等中央企业于 2016 年 10 月共同发起设立了中央企业贫困地区产业投资基金（简称央企扶贫基金）。两只国家产业扶贫基金均委托国投集团下属企业国投创益产业基金管理有限公司（简称国投创益）进行运作管理。两只基金自成立以来，紧紧围绕国家脱贫攻坚战略，坚决贯彻习近平总书记关于扶贫工作的重要论述，在中央企业支持下，紧紧围绕贫困地区产业发展，坚持市场化运作、专业化管理，汇集央企资源，立足贫困地区资源禀赋，精心筛选重点支持产业，打造了现代农业、资源开发、清洁能源、资本运作、产业金融、医疗健康、产销对接等七大产业扶贫平台；紧紧依托国有、民营、外资等各类产业龙头，在贫困地区投资了一批产业带动强、扶贫效果好的项目；发挥基金杠杆作用，引导撬动社会资本投入，增强贫困地区的造血功能和内生动力，健全企业与贫困人口利益联结机制，为贫困地区脱贫奔小康提供了可持续发展动力。

基于受托管理两只国家产业扶贫基金的实践，国投创益对产业基金扶贫工作进行了全面系统的梳理。产业基金扶贫既要实现培育发展贫困地区特色产业、带动脱贫的政策目标，又要遵循产业投资基金发展规律和资本市场规则。经过不断实践和不断完善，构建了既能充分体现国有资本市场化、产业化扶贫特色，又有一定理论高度和借鉴意义的新型产业扶贫模式——"产业基金扶贫管理模式"，在履行中央企业政治责任、整合中央企业力量、提升中央企业扶贫工作有效性方面进行了有益探索。

经过几年来的实践，产业基金扶贫管理模式在两只国家产业扶贫基金投资运作中取得了显著成效。这套模式从基金定位、责任主体、运营管理、投资策略、保障措施等方面入手，以产业基金投资为载体，通过达成思想共识、优化投资策略、创新管理机制、健全评价体系、提升工作标准等一系列措施，着力破解基础薄弱、主体不强、资金短缺、观念落后、能力不足等产业基金扶贫中的重点难点问题，在培育发展贫困地区产业、健全企业与贫困人口利益联结机制、带动贫困地区脱贫奔小康等方面取得了显著的成效。央企扶贫基金与地方政府合作设立大同贫困地区产业能源发展基金、安康贫困地区（科技）产业发展基金，将产业基金扶贫管理模式进行了成功复制和推广。

2020年是全面建成小康社会和打赢脱贫攻坚战的收官之年，工作重心由注重脱贫向脱贫和巩固提升并重转变。要实现长远脱贫，关键是形成稳固的扶贫产业链，这需要放眼长远、提前谋划，坚持市场思维，遵循市场规律。产业基金扶贫提供了一种市场化、产业化扶贫的思路，在贫困地区因地制宜布局了一批市场前景好、抗风险能力强、可持续发展的扶贫产业，有力地增强了贫困地区的造血能力和内生动力，也为2020年后助推农村产业兴旺、衔接乡村振兴战略提供了良好的借鉴。

中国人民大学中国扶贫研究院院长　汪三贵

目 录

第一章　产业基金扶贫概述 ……………………………………… 001

　　第一节　产业基金扶贫发展历程 ……………………………… 002

　　第二节　产业基金扶贫的意义 ………………………………… 004

　　第三节　产业基金扶贫的特点 ………………………………… 008

　　第四节　影响力投资 …………………………………………… 010

第二章　产业基金扶贫管理体系 ………………………………… 013

　　第一节　构建产业基金扶贫管理体系的目的和意义 ………… 014

　　第二节　构建产业基金扶贫管理体系的要求和原则 ………… 016

　　第三节　产业基金扶贫管理体系的内涵 ……………………… 018

第三章　产业基金扶贫管理方法 ………………………………… 023

　　第一节　产业基金扶贫运营管理 ……………………………… 024

　　第二节　产业基金扶贫目标管理 ……………………………… 062

　　第三节　产业基金扶贫基础管理 ……………………………… 096

第四章　产业基金扶贫绩效评价 ………………………………… 117

　　第一节　基金经济效益评价 …………………………………… 118

　　第二节　基金社会效益评价 …………………………………… 119

　　第三节　投资项目经济效益评价 ……………………………… 124

第五章　产业基金扶贫成效与展望 ……………………………… 129

　　第一节　打造扶贫平台 ………………………………………… 130

第二节　培育市场主体 …………………………………………… 132

第三节　助力精准扶贫 …………………………………………… 133

第四节　未来展望 ………………………………………………… 135

第六章　投资案例选编 …………………………………… 139

案例一　北京达康央扶医疗管理有限公司 …………………… 140

案例二　北京大伟嘉生物技术股份有限公司 ………………… 143

案例三　固原扶贫开发投融资有限公司 ……………………… 148

案例四　广东壹号食品股份有限公司 ………………………… 152

案例五　贵州国台酒业股份有限公司 ………………………… 156

案例六　中央企业贫困地区湖南产业投资私募股权基金企业

　　　　（有限合伙） ………………………………………… 160

案例七　江苏益客食品集团股份有限公司 …………………… 165

案例八　江西杨氏果业股份有限公司 ………………………… 170

案例九　牧原食品股份有限公司 ……………………………… 174

案例十　重庆帮豪种业股份有限公司 ………………………… 178

案例十一　中央企业贫困地区河南产业投资基金

　　　　（有限合伙） ………………………………………… 183

案例十二　云南铜业股份有限公司 …………………………… 187

案例十三　中广核创益风力发电（北京）有限公司 ………… 191

案例十四　中国供销农产品批发市场控股有限公司 ………… 194

案例十五　金徽酒股份有限公司 ……………………………… 198

案例十六　广西中旅德天瀑布旅游开发有限公司 …………… 201

案例十七　万魔声学科技有限公司 …………………………… 205

参考文献 …………………………………………………… 209

后记 ………………………………………………………… 210

第一章

产业基金扶贫概述

当前，完全由政府主导的产业扶贫存在资金使用效率较低、可持续性较差的问题。一方面，产业扶贫如果过度依赖行政路径，将不能有效发挥财政扶贫资金的杠杆作用，项目也容易出现同质化现象。另一方面，单纯依靠市场机制也不能解决中国的贫困问题。尽管市场机制大多数时候是有效的，可以实现资源的有效配置，但在扶贫领域仅依靠市场机制很容易出现"市场失灵"现象。市场机制强调充分竞争和利益最大化目标，人力等资源总是流向经济回报率较高的非贫困地区，导致非贫困地区与贫困地区的发展呈现两极分化的"马太效应"，阻碍贫困人口脱贫目标的实现。充分发挥政府与市场各自的优势，在政府推动的前提下引入市场机制，共同促进生产要素综合作用的发挥，是促进贫困户稳定脱贫致富的创新模式。因此，在坚持政府推动的前提下，引入市场机制和市场力量参与扶贫，是提高扶贫精准性和有效性的重要理念。产业基金扶贫就是在此理念主导下的创新实践。

第一节　产业基金扶贫发展历程

一、起步阶段

20 世纪 80 年代中期以来，党和国家有组织、有计划、大规模地实施扶贫开发，始终坚持将发展作为扶贫开发的基础，将开发作为解决贫困问题的手段，形成了一条政府主导、社会参与、自力更生、开发扶贫的中国式扶贫开发道路。在这条道路探索初期，扶贫开发的主要策略是促进贫困地区的区域发展，间接带动贫困人口脱贫。区域性扶贫开发本质上是一种促进贫困人口集中区域优先发展来实现减贫的方法，其针对贫困人口集中的特点，以 14 个集中连片特困地区为扶贫攻坚主战场，以突出重点、分类指导为原则坚持开发式扶贫。2012 年 5 月 26 日，时任国务院总理温家宝在湖南省吉首市主持召开武陵山片区扶贫攻坚工作座谈会时指出，要设立武陵山片区旅游产业投资基金，通过市场化机制扶持连片特困地区具有区域特色和发展潜力的产业加快发展，促进片区区域发展和扶贫攻坚。2014年6月，财政部、中国烟草总公司和国投集团共同出资28亿元成立贫困地区产业发展基金，这是我国第一只具有政府背景、市场化运作、独立运营、自负盈亏的贫困地区产业发展基金，以股权投资为主要形式，投向贫困地区的种植业、养殖业、农副产品加工业、旅游业、林业、清洁能源、节能环保、现代物流、高新科技、文化创意、健康医疗、资源等产业。这是扶贫开发事业的开端，也是中国创新扶贫开发和财政投入模式的一次重要探索。

二、发展阶段

党的十八大以来，以习近平同志为核心的党中央高度重视扶贫开发工作，将其摆在治国理政的突出位置，并将其作为全面建成小康社会的底线任务纳入"五位一体"总体布局和"四个全面"战略布局。2015年11月29日，《中共中央　国务院关于打赢脱贫攻坚战的决定》明确指出，"引导中央企业、民营企业分别设立贫困地区产业投资基金，采取市场化运作方式，主要用于吸引企业到贫困地区从事资源开发、产业园区建设、新型城镇化发展等"。2016年10月17日，由国务院国资委牵头，财政部参与，国投集团、国家电网等51家中央企业共同发起设立央企扶贫基金，统筹兼顾政策目标和市场原则，通过市场化运作方式支持贫困地区产业发展，增强贫困地区自身造血功能，促进其如期脱贫和可持续发展。在央企扶贫基金的示范带动下，部分地方政府、地方国有企业、大型民营企业、相关行业协会等相继成立产业扶贫基金，产业基金扶贫蓬勃发展，从无到有、从少到多、从小到大，在社会上形成了一定的影响力。

三、成熟阶段

2018年6月、8月，新华社高端智库和国务院扶贫办专家咨询委员会对产业基金扶贫工作进行深入调研，最终形成调研报告，以内参形式上报党中央和国务院。2018年8月、10月，2020年2月，中共中央政治局常委、全国政协主席汪洋，中共中央政治局委员、国务院副总理、国务院扶贫开发领导小组组长胡春华先后三次做出重要批示，对产业扶贫基金紧紧围绕国家脱贫攻坚战略、聚合中央企业优势、广泛吸引社会资本、支持贫困地区产业发展所取得的成果表示充分肯定，要求有关部门继续重视、支持产业扶贫基金的发展，使其在打赢精准脱贫攻坚战中发挥更大作用。2019年8月，央企扶贫基金成功完成三期募资，募集资金160.19亿元，超过一期、二期募资的总和，基金总规模达314.05亿元。贫困地区产业发展基金、央企扶贫基金在贫困地区投资超过250亿元，带动社会资本近2 300亿元支持贫困地区产业发展。产业基金扶贫模式及成效获得了社会各界的广泛认可。

第二节　产业基金扶贫的意义

一、服务脱贫攻坚战略

产业基金扶贫服务于国家脱贫攻坚战略，通过市场化运作和灵活多样的投资方式，支持贫困地区产业发展，增强贫困地区的造血功能和内生动力。产业基金扶贫从改善贫困地区投资环境、提高资金使用效率和提升贫困地区内生动力等方面破解贫困地区发展难题。

（一）改善贫困地区投资形式单一、资金使用效率低的现状

目前贫困地区扶贫资金主要存在三个方面的问题：一是金融机构向贫困地区企业投放的资金量偏低、投资形式单一，贫困地区企业面临"门槛高、够不着"的问题。二是政府主要将扶贫资金以补助、贴息和奖励的形式激励贫困地区企业，这种方式不能发挥财政资金的杠杆作用，形成资金内生循环利用的模式，而且资金投放决策的方式和程序不够科学，资金投

放的集中度、精准度和资金使用效率显得不足。三是政府产业扶贫资金自上而下拨付，审批环节多，扶贫部门难以进行有效的监督和管理，容易发生骗取资金和腐败问题，扶持效果不佳。

产业基金扶贫以基金形式，依托贫困地区的自然资源禀赋和特色产业发展基础，为贫困地区具有发展前景和带动能力的企业注入资本，通过产业资本和贫困地区资源的结合，促进贫困地区产业发展。产业基金扶贫是指政府或金融机构安排的政策性引导资金，通过投资基金的形式，满足市场主体在贫困地区的资金发展需求，最终带动贫困地区发展。产业基金扶贫主要通过大基金带动小基金、中央基金撬动地方基金、扶贫基金引导市场化基金的方式，精准对接地方性扶贫产业和被投资企业的发展需求，将资金用在刀刃上，既有利于优化扶贫资金的配置效益，又有利于引导资金投向高附加值产业，实现产业结构调整和升级。

（二）有利于提升贫困地区造血功能和内生动力，实现可持续发展

贫困地区基础设施建设滞后，产业发展底子薄，产销脱节现象严重；企业普遍缺乏资金、技术和人才，难以将贫困地区特色资源转化为产业发展优势，生存和发展受到较大约束。产业基金扶贫通过投资于符合区域资源禀赋、产业基础和发展规划的产业，将之培育为当地的支柱产业，并且通过提供投后增值服务提升企业稳定发展能力，让企业在贫困地区扎根，带动贫困户脱贫致富。

产业基金在我国只有 30 余年的发展历史，产业基金扶贫更是一件新事，没有现成的经验可供借鉴，需要不断探索和创新。产业基金扶贫按照市场规则设计基金投资运营模式，依法合规对贫困地区企业进行投资，起到了很好的示范和撬动作用。产业基金扶贫发挥市场配置资源的决定性作用，通过市场竞争实现各种资源和生产要素的最佳组合，为贫困地区的可持续发展，特别是为后小康时代形成可持续的产业布局和产业带发展，蹚出了"新路子"。

二、践行新发展理念

2015 年 10 月，习近平总书记在党的十八届五中全会上提出了创新、协调、绿色、开放、共享的发展理念。产业基金扶贫贯彻落实新发展理念，利用新发展理念破解贫困地区发展难题、增强贫困地区发展动力、厚植贫困地区发展优势。

（一）创新

创新是发展的不竭动力，产业基金扶贫通过向贫困地区引入市场主体，解决贫困地区发展动力的问题。通过在贫困地区进行投资，将上市公司和龙头企业的先进管理理念和科学技术带到贫困地区，增强对贫困地区经济发展的支撑，提高贫困地区创新发展能力。

（二）协调

贫困地区和发达地区发展不协调是目前区域发展不平衡的主要表现。区域发展不平衡会产生"木桶"效应，引发一系列社会矛盾。产业基金扶贫以市场化的方式投资贫困地区企业，企业通过上缴税费、基础设施建设等方式带动贫困地区整体发展，缩小贫困地区与发达地区的差距。

（三）绿色

选择投资行业时，产业基金扶贫牢固树立"绿水青山就是金山银山"的理念，兼顾扶贫开发和生态保护并重，坚持扶贫开发不能以牺牲生态为代价，在产业扶贫工作中坚守生态红线。产业扶贫基金投资集中在带动贫困人口作用较为明显、与贫困人口利益联结较为紧密的农业、旅游等行业，均符合绿色发展的要求，符合当地资源禀赋和产业规划；在此基础上，对于投资的加工制造和矿产资源行业，基金还要求达到节能环保的标准，生产工艺和流程达到国内先进水平。

（四）开放

贫困地区大部分是山区，地理条件决定了贫困地区开放程度不高。产业基金扶贫首先通过基础设施建设打通贫困地区开放通道，打破地理条件的约束；其次通过撬动社会资本进入贫困地区，提高贫困地区与外界的联动性，帮助贫困地区结合自身优势利用好外部力量，促进产业发展。

（五）共享

共享是中国特色社会主义的本质要求。改革开放40多年来，我国经济"蛋糕"在不断做大，但是分配不公的问题较为突出，收入差距在不断加大。产业基金扶贫通过政策安排将资金专项用于支持贫困地区产业发展，为被投资企业提供更加公平的发展机遇，进一步发挥被投资企业物资、人才、技术、信息等方面的优势，重点帮助贫困人口增收，促进均衡发展。

三、推进供给侧结构性改革

2015年以来，随着人口红利衰减、"中等收入陷阱"风险积累，我国经济正式进入新常态。当前需要把改革的发力点转到调整经济结构上来，在保持经济总量增长的同时，实现结构优化。所谓供给侧结构性改革，就是从改善供给结构入手进行改革，通过建立完善的供给体系，实现由低水平供需平衡向高水平供需平衡跃升，不断创造和引领新的需求，从而实现经济结构优化和经济的可持续发展。

产业基金扶贫通过对各行业企业的投融资，促进企业经营效率，提高企业生产水平，助力供给侧结构性改革，主要表现在：一是通过现代农业促进农业供给侧结构性改革。现代农业是健康农业、有机农业、绿色农业、循环农业、再生农业、观光农业的统一，是田园综合体和新型城镇化的统一，是农业、农村、农民现代化的统一。产业基金扶贫通过投入贫困地区农业企业，运用现代的科学技术和生产管理方法，生产出高品质产品，有效促进农业生产方式的改变和农业企业转型升级，满足人民日益增长的美好生活需要。二是通过新技术、新流程提高贫困地区二、三产业的核心竞争力，提升产品附加值，拓宽销售渠道，打造面向市场、立足市场、促进市场发展的地方特色产业。

第三节　产业基金扶贫的特点

产业基金扶贫的特点在于既充分发挥了体制优势，又充分尊重市场规律。凭借专业洞察，实现资金精准导入，提高贫困地区内生动力；凭借国资背景，形成国资优势，撬动大量社会资本；遵循市场化的投资原则，深化与龙头企业合作，注重构建紧密利益联结机制。

一、注重"造血"功能，提高内生动力

目前，投向贫困地区的资金大部分是政府财政资金和捐赠资金。政府财政资金与捐赠资金成本很低，一般根据地方经济状况以及申报资金用途给予财政资金拨付或者资金捐赠，通常在资金使用完毕后做一次评价，缺乏过程管理。

产业基金扶贫属于"造血式"扶贫，基金直接投资于当地产业，被投资企业在资金到期后要偿还本金及收益。产业基金扶贫作为股东与被投资企业形成利益共同体，帮助企业梳理战略、对接资源、引入资金、开展资本运作等，提高被投资企业经营效率和管理能力，实现被投资企业价值提升，为贫困地区注入可持续发展动力。

二、发挥引导作用，撬动社会资本

基金尤其是政府引导基金一般不以营利为目的，而是利用政府信用和财政资金的引导和放大功能，发挥政府财政资金的杠杆放大效应来吸引金

融资金和民间资金跟进，产生"滚雪球"效应，大幅增加资本供给规模，起到"四两拨千斤"的作用。

产业扶贫基金借助中央和财政资金的杠杆放大效应，支持经济发展的财政手段与市场化方式相融合，以资本撬动"技术＋产业"，实现了全生产要素输出；坚持政策性导向、市场化运作、专业化管理，以市场规则筛选投入领域和支持项目，以市场价值和扶贫效果决定资本是否介入，投向扶贫效果好、市场前景好、发展潜力大的优质项目，有效促进产业优化升级和经济结构调整。

三、密切利益联结，实现互利共赢

政府主导的扶贫小额信贷是根据贫困户情况发放的"对户型"金融贷款，其扶持对象是有贷款意愿、有就业创业潜质、有一定技能素质和还款能力的建档立卡贫困户。目前，扶贫小额信贷主要存在两方面的问题：一是贫困户不能有效将贷款用于产业发展，部分贫困户将贷款用于看病、消费、买房等非生产性用途，贷款使用效率低下；二是贫困户利用贷款独自发展产业的失败情况较多，部分贫困户风险抵抗能力较弱，自然风险和价格风险对他们冲击很大，在没有市场主体带动的情况下，一旦碰到外部风险冲击，很难实现可持续发展。

与扶贫小额信贷相比，产业扶贫基金是"对企型"金融投资，其通过投资贫困地区企业带动贫困户发展。产业扶贫基金设立15年的续存期，有利于资金回笼和周转，实现投资放大。同时产业扶贫基金投资金额大、周期长，项目投资期原则上为五至七年，较长的投资期也有利于投资项目的建设和发展。早期基金投资也曾通过扶贫办等地方政府部门获取项目信息，但是扶贫办口径项目普遍存在企业规模小、赢利能力差、管理不规范等情况，难以很好地满足基金兼顾经济效益与社会效益的要求。基金扶贫不同于财政资金扶贫，重点在于发挥好国有资本的优势，充分利用国资体系内资金规模大、存续久、成本低的特点，以及与集团、股东、龙头企业及地方政府等建立紧密合作的项目资源获取优势，聚焦龙头企业深度合作，借助其资本与产业能力，利用"借船出海"的产业扶贫方式，放大扶贫效益，较好地平衡了经济效益与社会效益。基金也给被投资企业充足的时间探索带贫益贫机制，与贫困户共同实现可持续发展。

第四节 影响力投资

一、影响力投资概述

近年来，全球范围内出现了一种新的影响力投资模式，它不仅追求投资收益、更关注社会影响。这种全球影响力投资模式主要有两种类型：一种是解决温饱＋消除贫困型，比如，比尔·盖茨基金会为非洲提供包括食物、医疗在内的多种援助，美国国际开发署为中东小学提供免费午餐。另一种是促进发展型，比如，自主性小额信贷资金（MCF）在撒哈拉以南投资私营诊所，为当地带来基础医疗保障的同时实现赢利；美国离网太阳能公司（SunFunder）投资卖给印度和南非地区的家用太阳能，节省电费开支。影响力投资主要关注于贫困地区（如非洲部分地区）或能够带来巨大社会影响的产业领域（如新能源、小额信贷），其追求主张包括税务返还、社会价值等。据粗略估算，2014 年至 2018 年，影响力投资实现了快速增长，世界上参与影响力投资的主要机构从 124 家增加到 226 家，管理资产规模从 460 亿美元增长到 2 280 亿美元。

由于影响力投资与政府背景基金、社会责任驱动基金、常规金融机构在竞争受益、资金可持续性发展、解决社会问题等驱动机制上的不同，专业的影响力投资机构逐渐成为社会焦点问题领域投资的主导者。

二、影响力投资的特征

据国际一流咨询机构科尔尼管理咨询公司开展的 2018 年全球影响力调查结果，全球影响力投资市场金额超过 2 000 亿美元。其中，小型机构

（平均管理规模 0.4 亿美元）119 家，管理资金规模占 2%，深入基层，直接社会影响力很强，与被帮扶对象有良好的关系；专业性强，在个别领域有专业知识储备和风险规避能力。中型机构（平均管理规模 2.7 亿美元）55 家，管理资金规模占 7%，项目财务回报两极分化明显，存活率低；背靠慈善个人或大型慈善机构居多。超大型机构（平均管理规模 40 亿美元）52 家，管理资金规模占 91%，拥有专业金融管理人才，投资偏好相对保守，平均项目金额高，直投风险低的大企业或与传统金融机构合作投资项目居多。

全球一流影响力投资机构具备以下六大特征：

一是不低于市场平均的投资回报率。相关研究发现，66% 的影响力投资机构对自身的预期回报率设定超过行业平均，54 家领先机构的平均投资回报率均高于行业水平。当前，影响力投资进入了 2.0 时代，对投资回报率的要求明显提高。

二是专注的行业和区域选择。80% 以上的影响力投资基金在熟悉的行业或地区配置了大于 70% 的管理资产，以降低投资风险。其主要投资了金融服务、能源、小额贷款、住房、食品、农业、基础建设、医疗健康等行业；在欠发达区域更多地采用金融、信贷等手段扶持产业，侧重长期发展。例如，专注于印度和拉丁美洲低收入社区的投资公司 Elevar Equity 从多行业转型只做小额信贷，高盛影响力投资关注北美低收入者经济适用房项目。

三是保守、稳健的投资策略。超大型影响力投资基金的风险偏好偏保守，主要投资中后期的标的，以债券、一级市场股权为主，选择做小型专项基金（专注行业或区域）的母基金，或与大型企业、常规金融机构联合投资以增加预期财务回报。

四是灵活的资产配置与调整策略。全球一流影响力投资机构会根据社会影响和投资回报双维度标准，灵活调整投资资产组合配置，保证总体投资回报及社会影响的最大体现。

五是积极的影响力后评估。与传统投资机构相比，影响力投资机构更注重对投资结果中影响力价值的总结与传播，如投后评价机制。例如，美国聪明人基金（Acumen Fund）于 2014 年创立的 Lean Data 投资社会效益评估工具,更加注重提高数据收集的效率、降低评价成本,涵盖了从评价指标设计、信息采集到分析评价的一整套完整方法论,目前已被 80 余家企业、基金及基金会使用,用于超过 150 个投资项目的社会效益评估。

六是专业的复合型人才。影响力投资人才能力要求高于普通投资者,需具备社会、公益、政治、国际关系、民生等综合领域的知识积累,并与行业投资专业能力复合。

三、影响力投资的产业基金扶贫实践

2020 年是全面建成小康社会目标实现之年,是全面打赢脱贫攻坚战收官之年。党的十九大报告对打赢脱贫攻坚战也提出了明确要求,强调在教育、健康、生态等领域补齐基础设施和公共服务短板。习近平总书记指出:"产业扶贫是最直接、最有效的办法,也是增强贫困地区造血功能、帮助群众就地就业的长远之计。"这一重要论述,深刻阐述了产业扶贫在打赢脱贫攻坚战中的重要作用。产业是脱贫的根本之策,一个地方要发展,就必须有产业的支撑。贫困地区产业发展基金和央企扶贫基金在设立之初,就承担了探索产业化、市场化扶贫路径的重任,通过聚合中央和财政资金,吸引社会资本,支持贫困地区产业发展,增强贫困地区的造血功能和内生动力,带动贫困群众精准脱贫。

产业基金扶贫符合影响力投资基金的特征,是具有中国特色的影响力投资实践。国投创益受托管理产业基金的规模超过 340 亿元,探索以产业基金助力贫困地区产业发展,创新长效稳定脱贫机制,已逐步成长为中国资金管理规模最大的影响力投资机构。

第二章

产业基金扶贫管理体系

　　产业基金扶贫的目的是解决贫困户独立发展产业能力弱的问题，产业基金扶贫带动贫困户进入由新型经营主体主导的产业链体系中，提高产业发展效率，促进贫困地区产业升级。从带动机制上来看，产业基金扶贫的主体是企业等各类农村经营主体，客体是建档立卡贫困人口，核心在于构建两者之间的利益联结机制，使贫困户能参与产业发展并从产业发展中受益，这是推进产业基金扶贫、实现精准脱贫的关键。

　　然而，贫困地区经济社会发展相对滞后，企业发展较为困难、管理能力欠缺、资金供给不足，加之企业为了考虑自己的发展，以经济效益为主，无法兼顾扶贫效果，因此贫困人口无法有效参与到企业的产业链之中。国投创益受托管理贫困地区产业发展基金和央企扶贫基金，在长期的实践中探索出产业基金扶贫管理模式，有效地破解了贫困地区产业发展难题，走出了一条以产业基金实现市场化、产业化扶贫的新路子。

第一节　构建产业基金扶贫管理体系的目的和意义

一、构建产业基金扶贫管理体系的目的

（一）统一思想

　　随着投资项目的增加，产业基金扶贫工作进一步深化，基金管理公司内部投资理念和投资策略的分歧逐步暴露，有时会出现各执一词、据理力争的局面。这就需要一套管理体系来明确投资目标和原则，统一思想，凝聚共识，按照一致的目标和原则筛选投资项目，提高投资效率。

（二）规范流程

　　随着基金规模的增大，投资决策规范难度越来越大，各类资料文档也

越来越多，审批流程也越来越繁杂。这就需要一套管理体系规范办事流程，通过健全规章制度、强化合规意识、规范运作流程等，提高工作效率。

（三）明晰权责

随着公司的发展，各业务部门和职能部门相继建立，但是工作中会出现各管一摊、推诿扯皮的现象。这就需要一套科学的管理体系，明确职能分工，厘清职责边界，落实工作责任，强化团队协作，提高运营效率。

二、构建产业基金扶贫管理体系的意义

（一）破解产业基金管理难题

要探索开发式产业基金扶贫道路，形成可复制、可推广的经验，如何管理产业基金、如何发挥其更大作用是产业基金管理的首要难题。构建产业基金扶贫管理体系可以破解产业基金管理难题，为产业基金形成一套模式化的管理体系，在募、投、管、退等方面形成制度规范，解决产业投资基金委托代理关系中存在的道德风险问题。

（二）丰富产业基金管理体系

产业基金管理模式不胜枚举，但是由于产业扶贫基金的定位与其他基金不同，一般的基金管理模式不适用于产业扶贫基金。产业扶贫基金要通过实践总结出一套符合自身特点的管理体系，这不仅有利于产业基金的实际运营，还能丰富产业基金管理体系。

（三）推动产业基金行业发展

产业基金扶贫管理体系建成以后，可以为行业中其他的产业扶贫基金提供模板，其他的产业扶贫基金可以根据实际情况对模板进行吸收和借鉴，提升产业扶贫基金管理水平，促进基金发挥更大作用，共同推动产业基金行业发展。

第二节 构建产业基金扶贫管理体系的要求和原则

一、构建产业基金扶贫管理体系的要求

产业基金扶贫管理体系的构建必须满足扶贫、安全、高效的要求，其中扶贫是前提，安全是保障，高效是目的。

（一）扶贫是前提

扶贫是指产业基金扶贫管理体系必须严格执行基金管理协议，确保资金只能投资于贫困地区产业。根据经国务院领导批示同意的贫困地区产业发展基金和央企扶贫基金设立方案以及基金公司章程的规定，基金投资区域范围以片区县、国贫县、革命老区县为主，必要时可以投资部分省贫县。产业基金扶贫工作政策性强，是一项重要的政治任务，必须坚守住扶贫的底线。

（二）安全是保障

安全是指产业扶贫基金采用市场化运作、专业化管理，采取股权投资形式，通过择机退出实现中央和财政资金的保值增值，进而形成滚动利用，持续发挥作用。由于产业扶贫基金只能投资于贫困地区企业，先天具有风险大、周期长、回报慢的特点，再加上市场发育程度、投资企业管理能力等方面的欠缺，基金的退出难度加大。相对于一般基金而言，产业扶贫基金更强调政策导向，更注重资金安全性，这对管理人员的能力和专业化水平要求更高。

（三）高效是目的

高效是指产业基金扶贫管理体系必须有效地将贫困人口纳入产业发展体系，结合扶贫靶向，提高资金使用效率。目前，在市场机制下，越是经营规模大、生产水平高的农户，就越有组织的动力和能力，而贫困户由于生产规模小、水平低、专业化程度不高，既没有组织起来的迫切需求，也缺乏组织起来的能力。产业基金扶贫要通过生产带动、吸纳就业、资产收益等方式将贫困户与组织化的经营主体（公司、合作社等）直接或间接地连接起来，降低贫困户在生产和创收中面临的资金、技术、信息和市场壁垒，提高生产和创收效率。

二、构建产业基金扶贫管理体系的原则

（一）一般性和特殊性相结合的原则

产业基金扶贫管理体系的构建要坚持一般性和特殊性相结合的原则，这主要表现在：一是产业发展的一般性和特殊性相结合。产业基金扶贫的投资产业众多，产业基金扶贫管理体系的构建要兼顾产业发展的一般性和特殊性，既符合产业发展的一般规律，又符合各个产业发展的特殊规律，促进各产业之间的融合，从而指导贫困地区形成完整的产业体系。二是全国的一般性和区位的特殊性相结合。产业基金扶贫管理体系的构建要立足于各地区的经济社会发展基础和最有潜力的资源和产业，在主导产业的基础上实现各种产业资源的有效集中和配套。我国不同地区的区位特点差异比较明显，东中西部之间的资源特点差异显著，建立在地区资源优势基础之上的产业基金扶贫管理体系必将形式多样。因此，产业基金扶贫管理都要从当地的实际情况出发，对各种自然资源和社会资源进行全面调查研究，结合实际进行优化，绝不可搞一刀切，套用一个模式。

（二）历史总结和现实考察相结合的原则

产业基金扶贫管理体系的构建要坚持历史总结和现实考察相结合的原

则。产业基金在我国发展已有 30 余年历史，市场上产业基金的管理模式已日趋成熟，产业基金扶贫管理体系必定要吸收部分市场上产业基金的管理经验，发挥市场化基金的优势，保证经济效益。但是，产业扶贫基金的主要使命是促进贫困地区发展，因此产业基金扶贫管理体系的构建还要将产业扶贫基金宗旨和使命的现实考察结合起来，聚焦基金定位，保证社会效益。

（三）理论逻辑和经验分析相结合的原则

产业基金扶贫管理体系的构建要坚持理论逻辑和经验分析相结合的原则。产业基金扶贫管理体系的构建要注重逻辑理论，这主要表现在：一是要有管理学理论的支撑，否则不具有科学性；二是要用现代产业理论来指导贫困地区产业规划，在管理体系构建的过程中要考虑哪些产业发展理论可以指导贫困地区产业的发展，而哪些产业发展理论与贫困地区产业的发展不匹配。此外，经验分析也必不可少，理论和经验是统一的，没有借鉴经验分析的管理体系是一纸空文，不具有可操作性。因此，产业基金扶贫管理体系既要包含理论的科学性，又要包含实际经验的可操作性。

第三节　产业基金扶贫管理体系的内涵

自成立以来，国投创益认真学习贯彻习近平总书记关于扶贫工作的重要论述，坚决落实党中央、国务院有关脱贫攻坚决策部署，按照公司党组要求，坚持精准扶贫精准脱贫基本方略，扎实推进产业基金扶贫工作，在实践中总结形成了产业基金扶贫体系的内涵。即一个目标：探索市场化的产业基金扶贫方式，促进贫困地区区域经济发展；两个原则：坚持产业基金扶贫效果，坚持产业基金保值增值、有效退出；三个保障：基金治理结构、风险控制体系、稽核监控系统；四个主体：产业基金＋企业＋贫困地区资源＋贫困人口；五个标准：投资决策规范化、团队建设专业化、运作管理信息化、投后管理增值化、对外形象品牌化（见图 2-1）。

图 2-1 产业基金扶贫管理体系的内涵

一、一个目标

产业基金扶贫的目标是探索市场化的产业基金扶贫方式，促进贫困地区区域经济发展。以产业基金支持贫困地区产业发展是一条前所未有的道路，没有成熟经验可以遵循，需要在探索中不断创新、总结和规范。基金投资要始终坚守资金只能用于贫困地区的要求，聚焦于国家14个集中连片特殊困难地区、国家扶贫开发工作重点县、省级扶贫开发工作重点县、被国务院列入振兴发展规划的革命老区县等。

基金投资时要优先考虑吸纳就业人数多、带动力强、脱贫效果好的项目，同时也要根据国家政策要求，适时调整基金投向和区域，在更大范围、更深程度支持参与相对落后地区的经济社会发展，服务国家需要。

二、两个原则

产业基金扶贫的原则是要坚持产业基金扶贫效果，坚持产业基金保值增值、有效退出。基金设立的原则是由基金的宗旨和性质决定的，首先，基金设立的宗旨和目的是改善贫困地区投资环境差、投资回报率低、社会资本进入意愿不强的环境，通过政府引导，统筹政策目标和市场原则，带动贫困地区实现可持续发展，因此基金必须发挥促进产业扶贫的作用、坚持基金设立的目标。其次，产业扶贫基金是市场化运作的基金，要遵循市场化运作的规律，又要兼顾政策目标，保障资金安全，因此保值增值、有效退出是题中应有之义。

三、三个保障

（一）基金治理结构

基金治理结构是基金投资管理"三个保障"中的基础环节，基金治理结构是指要以保护基金投资者的利益为目的，对基金所有人、基金管理人和基金托管人的权利和义务进行合理配置的一系列制度安排。从基金治理结构的框架来看，基金治理结构包含基金所有人与基金管理者的激励性合约安排、基金所有人和基金托管人的监督、基金管理人内部治理结构的完善等。同时基金管理公司应按照现代企业管理制度建立健全法人治理结构，完善内控制度，实现规范运作。

以贫困地区产业发展基金和央企扶贫基金为例，这两只基金的基金治理结构权责明晰，基金所有人、基金管理人和基金托管人之间相互协调、相互监督，既确保了资金的有效运作，又确保了资金安全，有效发挥了"指挥棒"的作用，为产业扶贫基金治理结构提供了先进的管理经验。作为基金管理公司，国投创益也建立了完善的法人治理结构，包括股东会、董事会和监事会，同时在董事会下设投资决策委员会和风险管理委员会，控制投资风险。

（二）风险控制体系

风险控制体系是企业最重要的管理基石之一。风险，是指对实现企业运营和项目投资目标可能产生负面影响的不确定性因素，包括企业运营风险和项目投资中的各种风险。由此衍生出的风险管理是指围绕企业运营和项目投资目标，对其中产生的风险进行评估、控制和处置的基本流程和相关措施。全面风险管理是指用系统的、动态的方法对企业进行风险控制，以减少业务过程中的不确定性。对于产业基金管理公司来说，建立健全风险控制体系尤为重要，风险控制体系是基金投资管理"三个保障"中的核心环节。

（三）稽核监控系统

稽核监控系统是指公司通过投前和投后阶段的相关工作以及内外部审计，保证基金投资安全、有效使用。稽核监控系统是基金投资管理"三个保障"中的重要环节，主要用于定期收集关键风险点的有关数据，动态跟踪监控被投资企业及公司投资、管理等方面的情况，定期提供分析报告和建议，以确保基金投资的安全性、被投资企业运行的规范性等。

四、四个主体

带动贫困人口脱贫是产业基金扶贫工作的出发点和落脚点。基金管理公司在扶贫的过程中，要不断完善利益联结机制，将各个主体联系起来，形成"产业基金＋企业＋贫困地区资源＋贫困人口"的产业带动链条。基金管理公司要引导被投资企业以直接扶贫和间接扶贫两种方式，吸纳贫困户直接参与到产业链发展中，培育新型经营主体，带动更多建档立卡人口脱贫，为推进农业农村现代化注入新动能。

五、五个标准

（一）投资决策规范化

投资决策规范化是对基金管理公司的基本要求，基金的投资管理应按照市场化运作，形成规范化的流程，包括项目策划、现场调研、投资立项、签署投资意向书、尽职调查（含资产评估）、投资决策、签署投资合同、拨付资金、投后管理、投资退出等流程。

（二）团队建设专业化

团队建设专业化是提升基金管理公司能力的重要保障。为发挥基金更大的扶贫作用，基金管理公司要以市场化改革为目标，以调整组织职能架构、改革选人用人机制、建立激励考核体系、开展专业化培训为举措，加快体制改革机制创新，建设专业化团队，为完成各项目标任务创造有利条件。

（三）运作管理信息化

运作管理信息化是提高基金管理公司效率的重要举措。基金管理公司要全方位提高公司信息化建设水平，致力于实现管理制度化、制度流程化、流程表单化、表单信息化的管理目标，实现信息共享共通，助力经营管理决策。大数据平台即运作管理信息化的表现之一，国投创益产业扶贫基金大数据平台如图2-2所示。

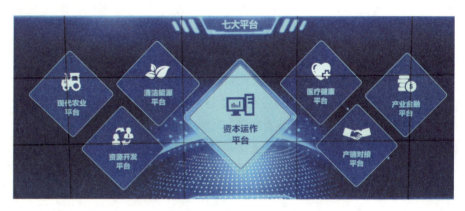

图2-2　国投创益产业扶贫基金大数据平台

（四）投后管理增值化

投后管理增值化是彰显基金管理公司竞争力的重要表现。基金管理公司要根据被投资企业的需要提供投后管理服务，以降低投资项目的风险发生概率，投后管理服务可以由投资团队和管理团队负责，投后管理服务要实现重点突出、透明高效和分类管理。

（五）对外形象品牌化

对外形象品牌化是扩大基金管理公司影响的重要方式。基金管理公司要加强宣传工作，强化思想理论教育，把握正确政治方向；要加强平台和机制建设，夯实宣传工作基础；要总结提炼企业文化，提升团队的凝聚力；要总结基金扶贫模式，持续扩大品牌影响。

第三章

产业基金扶贫管理方法

　　国投创益以产业基金扶贫管理体系为指导，在基金运作和公司管理方法上进行了创新，形成了产业基金扶贫管理模型。该管理模型包括运营管理、目标管理和基础管理。

　　运营管理是核心业务，主要包括基金募资管理、投资管理、投后管理和退出管理四个环节。目标管理是产业基金扶贫特色，体现产业基金扶贫的宗旨，主要包括全面风险管理和扶贫效果管理。基础管理是保障，主要包括党的建设、人力资源管理、企业文化建设、信息化建设和品牌建设等，为基金管理保驾护航。运营管理、目标管理和基础管理既相互支撑又相互制约，三者像三个齿轮一样相互带动、相互影响（见图3-1）。

图 3-1　国投创益产业基金扶贫管理模型

第一节　产业基金扶贫运营管理

　　与其他市场化私募股权投资基金一样，产业扶贫基金的运营管理主要体现在募资管理、投资管理、投后管理和退出管理四个环节，但是作为承担精准扶贫政治责任的产业基金，其运营管理具有特殊性。

一、募资管理

　　市场化私募股权投资基金的募资管理分为特定对象确定、投资者适当性匹配、基金风险揭示、合格投资者确认、签署基金合同、投资冷静期和回访确认七个环节。

（一）特定对象确定

募集机构要先通过投资者基本信息表或者其他形式的调查问卷完成特定对象确定程序，特定对象确定后，募集机构可以向特定对象宣传推介具体基金情况。要注意的是，募集机构应当向特定对象宣传推介基金，未经特定对象确定程序，不得向任何人宣传推介基金。

（二）投资者适当性匹配

一是风险测评，对普通投资者进行风险问卷调查，对投资者风险识别能力和承担能力进行评估。评估结果有效期最长不得超过三年，超过三年再次向投资者推介基金时，需要重新进行投资者风险评估，投资者应当以书面形式承诺其符合合格投资者标准。二是投资者分类，基金管理公司需确认其属于专业投资者还是普通投资者，申请专业投资者的，基金管理公司需确认其是否属于专业投资者，对普通投资者则必须进行细分管理。三是基金风险测评，基金管理公司要对基金进行风险等级划分，划分方法及结构应当明确告知投资者。四是适当性匹配，对适当性匹配不一致的，基金管理公司要出具基金风险不匹配告知书并提出相应建议。

（三）基金风险揭示

基金管理人应当制作风险揭示书，所有投资者均应签署。要注意的是，风险揭示书中投资者申明应当逐条签字确认。

（四）合格投资者确认

基金管理公司要根据投资者的条件确认其是否为合格投资者，并要求投资者提供相关证明文件。

（五）签署基金合同

各方应当在完成合格投资者确认程序后签署私募基金合同，但在签署基金合同前，基金管理人应充分向投资者说明投资冷静期、回访确认等程序性安排以及投资者的相关权利。

（六）投资冷静期

基金合同应当约定给投资者设置不少于 24 小时的投资冷静期，募集机构在投资冷静期内不得主动联系投资者。

（七）回访确认

募集机构应当在投资冷静期满后，指令本机构从事基金销售推介业务以外的人员以录音电话、电邮、信函等适当方式进行投资回访，回访过程不得出现诱导性陈述。募集机构在投资冷静期内进行的回访确认无效。投资者在募集机构回访确认成功前有权解除基金合同。募集机构应当按合同约定及时退还投资者的全部认购款项。未经回访确认成功，投资者交纳的认购基金款项不得由募集账户划转到基金财产账户或托管资金账户，基金管理公司不得投资运作投资者交纳的认购基金款项。

承担精准扶贫政治责任的贫困地区产业发展基金和央企扶贫基金的资金募集阶段具有自己的特殊性。以央企扶贫基金为例，2015 年 11 月 29 日发布的《中共中央　国务院关于打赢脱贫攻坚战的决定》明确"引导中央企业、民营企业分别设立贫困地区产业投资基金，采取市场化运作方式，主要用于吸引企业到贫困地区从事资源开发、产业园区建设、新型城镇化发展等"。中央办公厅、国务院办公厅印发的贯彻实施《决定》重要政策措施分工方案，明确要求由国务院国资委牵头、财政部参与，引导中央企业设立贫困地区产业投资基金。国务院国资委对此项工作高度重视、全力推进，会同财政部、国务院扶贫办成立了基金筹备领导小组及办公室，对基金设立进行了反复调研论证，向国务院呈报了关于设立基金的请示，专门召开了重点企业募资动员会。国家电网、国投集团等 51 家中央企业踊跃参与出资，首期募资 122.03 亿元。2016 年 10 月 13 日，国务院正式批准基金成立。2016 年 10 月 17 日，中央企业贫困地区产业投资基金股份有限公司创立大会揭牌暨首批投放项目签约仪式在京举办，同时召开了第一次股东会、董事会、监事会，标志着基金开始正式运作。揭牌仪式见图 3－2。

图 3－2　中央企业贫困地区产业投资基金揭牌仪式

2018 年 1 月 5 日，央企扶贫基金二期募资动员会在国务院国资委召开，国务院国资委综合局局长刘建波主持会议并讲话，33 家中央企业有关部门负责同志参加会议。2018 年 3 月 29 日，中央企业贫困地区产业投资基金股份有限公司召开 2018 年第一次临时股东大会（见图 3－3），成功完成二期募资，两期募资规模共达 153.86 亿元，股东扩大到国务院国资委监管的全部中央企业和部分财政部履行出资人职责的中央企业。

2019 年 6 月 24 日，央企扶贫基金三期募资动员会在国务院国资委召开，国务院国资委秘书长彭华岗出席会议并讲话，国资委综合局、财务监管局有关领导及 40 家中央企业相关负责人参加会议。2019 年 8 月 30 日，中央企业贫困地区产业投资基金股份有限公司召开 2019 年第一次临时股东大会（见图 3－4），成功完成三期募资，募集资金 160.19 亿元，超过一期、二期募资的总和，基金总规模达 314.05 亿元。

二、投资管理

基金投资管理是业务管理的主体内容，投资管理主要包括七个部分：

图 3-3　中央企业贫困地区产业投资基金股份有限公司 2018 年第一次临时股东大会

图 3-4　中央企业贫困地区产业投资基金股份有限公司 2019 年第一次临时股东大会

投资工具，合作对象，工具评级，合作模式，投资方向、行业优选与扶贫模式识别，投资流程，投资组合。

（一）投资工具

投资工具主要分为两大类：股权和债权。股权投资又分为预期通过证券化方式退出的和预期通过非证券化方式退出的。债权投资可以分为两类：一类是上市公司或其大股东在二级市场公开发行的可转换债券或可交换债券，一类是非上市公司发起的私募可转债或债转股（见图3-5）。

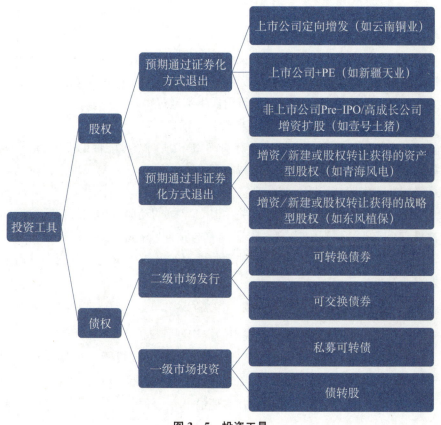

图3-5 投资工具

1. 预期通过证券化方式退出的

预期通过证券化方式退出的又分为三类：一是上市公司定向增发，二是上市公司＋PE[①]，三是非上市公司 Pre-IPO[②]/高成长公司增资扩股。

（1）上市公司定向增发。

基金可以参与符合条件的上市公司发起的非公开发行 A 股股票，定增解禁期截止后通过减持股票的形式实现退出。

在寻找该类项目时，要重点关注二级市场的波动情况（主要是市场整体的相对估值高低，即择时）、上市公司所在行业情况及自身情况（主要是行业前景、公司质量与公司估值，即选股）。

（2）上市公司＋PE。

基金可以与上市公司合作，共同建立项目公司或者设立并购基金，最终以上市公司收购少数股东权益或发行股份购买资产（基金在定增解禁期终了后减持股票）的形式实现退出。

在寻找该类项目时，要重点关注并购重组审核的动向（影响并购重组通过率）、上市公司自身情况（影响并购重组成功率和预期收益率）以及并购重组的方案质量（影响并购重组成本与通过率）。

（3）非上市公司 Pre-IPO/高成长公司增资扩股。

基金可以投资于高成长或者有明确 IPO 预期及可能性的非上市公司，如实现上市，则在禁售期终了后减持股票实现退出，如未实现上市，则以挂牌转让或大股东回购形式实现退出。

在寻找该类项目时，要重点关注 IPO 审核的动向（影响发审通过率）、被投资企业业绩情况（影响发审通过率与预期收益率）、所在行业和被投资企业的前景和估值水平（影响预期收益率）及被投资企业合规性（影响发审通过率）。

2. 预期通过非证券化方式退出的

（1）增资/新建或股权转让获得的资产型股权。

基金可以通过增资、新建或股权转让的方式投资于中短期无法实现 IPO 或并购，但是具备良好发展前景和现金流的被投资企业，该类项目一般通过挂牌转让或大股东回购方式实现退出。

---

① PE（private equity），指私募股权投资。

② Pre-IPO，指对上市有预期且上市条件成熟的企业进行的投资，帮助企业上市。投资的企业一般具有很好的赢利能力和上市规模。其退出的方式是企业上市后直接在股票市场出售其持有股票。

在寻找该类项目时，要重点关注被投资企业所在行业前景、资产质量、现金流情况以及退出通道安全性。

（2）增资/新建或股权转让获得的战略型股权。

基金可以通过增资、新建或股权转让的方式投资于中短期无法实现IPO或并购，但是具备战略意义的被投资企业，该类项目一般通过挂牌转让或大股东回购方式实现退出。

在寻找该类项目时，需要重点关注的是退出通道安全性。

3. 二级市场发行的债权

（1）上市公司发行的可转换债券。

基金可以参与符合条件的上市公司发行的可转换债券，可通过在二级市场出售、转股后在二级市场减持股票、债券到期后还本付息等方式实现退出。

在寻找该类项目时，重点关注发行人偿付能力、上市公司所在行业情况、公司经营情况、估值情况及转股价格。

（2）上市公司大股东发行的可交换债券。

基金可以参与符合条件的上市公司大股东发行的可交换债券，可通过在二级市场出售、换股后在二级市场减持股票、债券到期后还本付息等方式实现退出。

在寻找该类项目时，重点关注发行人偿付能力、上市公司所在行业情况、公司经营情况、估值情况及换股价格。

4. 非上市公司发行的私募可转债或债转股

（1）非上市公司发行的私募可转债。

基金可以参与非上市公司发行的私募可转债，可通过转股上市后在二级市场减持股票、债权到期后还本付息等方式实现退出。

在寻找该类项目时，重点关注借款人偿付能力、行业情况、公司经营情况、估值情况及转股价格。

（2）非上市公司发行的债转股。

基金可以参与非上市公司发起的债转股项目，如果投资的债转股项目最终实现上市，则可以通过在二级市场出售股份的方式实现退出。如果投资的债转股项目最终未实现上市，则可以通过挂牌转让或大股东回购的方式实现退出。

在寻找该类项目时，重点关注标的公司所在行业情况、公司经营情况、估值水平、转股价格、安全性以及合规程度。

（二）合作对象

从基金定位和综合实力两个维度出发，合作对象主要包括上市公司、非上市公司 Pre-IPO/高成长公司、中央企业、大型地方国企和大型地方民企五类（见图 3-6）。

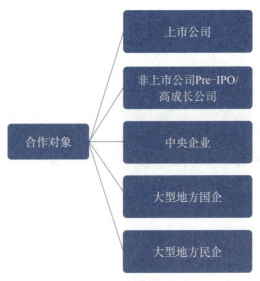

图 3-6 合作对象

贫困地区产业发展基金和央企扶贫基金依托国有、民营、外资等各类产业龙头，在贫困地区投资了一批产业带动大、扶贫效果好的项目，为贫困地区脱贫奔小康提供了可持续发展动力。与贵州产投、四川能投、云南能投、河南农开、青海省投等省属国企通过直接投资或设立子基金方式合作项目 24 个，金额达 68.56 亿元；与牧原集团、天士力集团、亿利集团、壹号食品等大型民营企业合作项目 24 个，金额达 50.95 亿元；与外资合作项目 4 个，金额达 3.4 亿元，不完全统计情况见图 3-7。

图 3 - 7　贫困地区产业发展基金和央企扶贫基金合作对象

（三）工具评级

确定好投资工具与合作对象以后，要对投资工具与合作对象之间的搭配进行评级，评价维度主要考虑四个方面：收益性（衡量预期收益高低）、流动性（衡量退出难易度）、安全性（衡量本金＋保底收益成功回收可能性）和合规性（衡量公司的正规程度）。评分赋值主要分为高、中、低三档：评分为高档者，得 3 分；评分为中档者，得 2 分；评分为低档者，得 1 分。最后，根据分值综合考虑选取投资工具与合作对象（见表 3 - 1）。

表 3 - 1　　　　　　　　　　投资工具与合作对象评级表

合作对象	投资工具	收益性	流动性	安全性	合规性	评分情况	评分结果
上市公司	定向增发	中	高	中	高	10	最高 11 分，最低 9 分
	上市公司＋PE	中	中	中	高	9	
	可转换债券	中	高	高	高	11	
	可交换债券	中	高	高	中	10	
非上市公司 Pre-IPO/ 高成长公司	增资扩股	高	中	中	中	9	最高 9 分，最低 7 分
	可转换债券	中	低	中	中	7	

续前表

合作对象	投资工具	收益性	流动性	安全性	合规性	评分情况	评分结果
中央企业	增资/新建或股权转让获得的资产型股权	中	低	中	高	8	最高9分，最低7分
	增资/新建或股权转让获得的战略型股权	低	低	中	高	7	
	可转换债券	中	低	高	高	9	
	债转股	中	低	中	中	7	
大型地方国企	增资/新建获得的资产型股权	中	低	中	中	7	均为7分
	可转换债券	中	低	中	中	7	
	债转股	中	低	中	中	7	
大型地方民企	增资/新建获得的资产型股权	中	低	低	中	6	最高7分，最低6分
	可转换债券	中	低	中	中	7	

（四）合作模式

1. 一般模式

鉴于基金的定位，产业扶贫基金合作模式主要包括投资位于贫困县的标的公司、投资资金用于建设在贫困县的子公司/生产基地、标的公司增资扩股的资金用于购买产自贫困县的物料/服务、标的公司采购物料/设备/服务投放于贫困县和标的公司未来一年内在贫困地区的新增投资或者业务量不少于基金投资额五种。产业扶贫基金合作模式主要为投资位于贫困县的标的公司（见图3-8）。

2. 子基金

产业扶贫基金还可以通过设立子基金的方式开展产业扶贫，以部分资金通过央地合作，在贫困面广、贫困人口多、贫困发生率高的重点省区设立子基金，以精准助力贫困地区特色优势产业发展和贫困人口可持续脱贫。

以央企扶贫基金为例，央企扶贫基金在贵州、河南、江西、湖南、陕

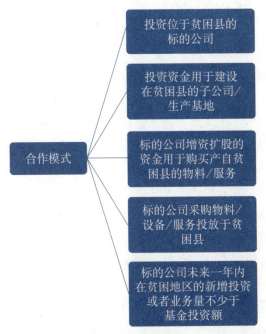

图 3-8 合作模式

西、安徽、云南、青海、黑龙江和新疆设立了 10 只子基金，基金规模合计 59.05 亿元。截至 2020 年 4 月，已设立的 10 只子基金累计投资项目 50 个，金额 40.87 亿元，储备项目 8 个，拟投资额 5.89 亿元。

（五）投资方向、行业优选与扶贫模式识别

1. 投资方向

投资方向是选择投资项目的第一步，以县域为单位，可以将全国所有县分为三类：一是功能型县域①，二是收缩型县域②，三是发达型县域③。投资团队要根据县域实际情况进行不同的区域布局，重点投资功能型县域，适度投资收缩型县域，探索投资发达型县域。

———————

① 指在"东南沿海和城市群优先发展"的区域经济战略下，贫困地区 832 个县中在非核心区域的经济状况良好的县。

② 指贫困地区 832 个县中 2016—2017 年户籍人口下降的县。

③ 指包括京津冀、长三角等 20 个主要城市群所辖县，全国各直辖市和地级市市辖区。

各县域也有不同的投资重点，功能型县域第一产业投资重点在集约型种植、特色畜牧业等；第二产业投资重点在制造业导入，包括有一定技术含量的机械制造、包装食品及饮料、靠近原产地的化药和中成药的加工生产、安全环保的化工业等；第三产业投资重点在以人为本的服务业和优质旅游资源开发，包括职业教育、医疗服务和养老服务等。

收缩型县域第一产业投资重点在规模化种植、养殖和林业等；第二产业投资重点在特色资源开发，包括资源禀赋较好的矿产资源开发、生态环境修复、新能源开发等；第三产业投资重点在实现基本保障的服务业，包括职业教育、医疗服务和养老服务等。

发达型县域第一产业投资重点在规模化渔业和科技农业（滴灌、种业等）；第二产业投资重点在影响力大、科技含量高、辐射带动作用强的新兴产业，包括高新技术产业和新药研发（中药、生物等）；第三产业投资重点在现代服务业，包括检测检验、数字化农业、远程医疗和远程教育等。

2. 行业优选

行业优选是选择投资项目的第二步，对投资项目的经济效益和社会效益有重大影响。投资团队要根据投资可行性和投资价值建立影响力投资机会识别矩阵，投资可行性包括投资风险、能力匹配和政策限制三方面的内容，投资价值包括经济价值和社会影响力两方面的内容，然后根据影响力投资机会识别矩阵再选择细分行业。行业优选主要包括四大类：制造业、能源矿业、医疗健康、种植业和畜牧业（见图 3-9）。

（1）制造业。

制造业中要以先进制造和食品消费为重点，原因在于：国家鼓励发展先进制造；食品消费增长平稳，受宏观环境影响较小。

（2）能源矿业。

能源矿业投资扶贫意义重大，但风险高、操作难度大，需要秉持谨慎的态度。原因在于：供给侧结构性改革驱动能源矿业集中度逐步提升，龙头企业受益。

（3）医疗健康。

医疗健康分为医药业和医疗服务业，医药（中药）业从战略层面应关

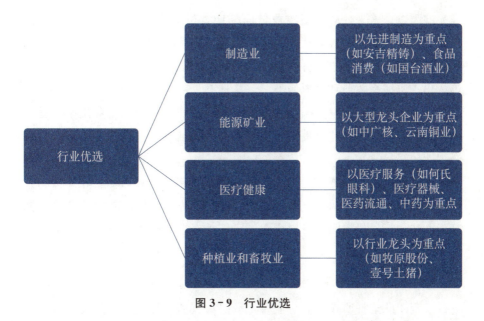

图 3-9　行业优选

注中药加工业，以花瓣类和根茎类为主。医疗服务业从战略层面应关注眼科、血透中心、精神病等专科医院，重点关注远程医疗和医疗信息两类。原因在于：贫困地区中药资源丰富，可关注行业龙头合作机会；相比医药生物行业的高门槛，医疗服务业和医疗器械业门槛低，可以快速学习并投资。

（4）种植业和畜牧业。

种植业产业链涉及面广，行业规模达 10 万亿元，利润空间达 1.5 万亿元，未来发展空间巨大。种植业最显著的机会在于产业链中的一体化服务、科技农业和数字农业。种植业从战略层面需关注一体化服务和种业两类，重点关注农药科技农业和数字农业两类，机会型关注农业机械化、集约化种植和农产品加工三类。其中，机会型关注，意为在具有良好投资性价比（标的企业财务表现良好且投资价格合理）时方才介入投资。相比重点关注的领域，机会型关注所能承受的风险相对较低，投资的规模相对较小。

畜牧业市场规模约 6 万亿元，包括猪、肉牛、肉羊、鸡、奶牛五大细分类别，涉及繁育、饲料、动物保护、机械、养殖、屠宰加工、流通等诸多环节。中国经济持续发展带动居民肉类消费量提升是促进畜牧业发展的最关键因素。未来，中国畜牧业将面临四大发展机遇：集约化、一体化、自动化和科技化。畜牧业从战略层面需关注肉牛育肥和羊繁育两类，重点关注生猪繁育、鸡牛羊猪种业和动物保护三类，机会型关注奶牛养殖、肉鸡孵化、机械畜牧业和饲料四类。

原因在于：参照发达国家种植业和畜牧业发展历史，行业集中度逐步提升是大势所趋，在此过程中龙头企业受益。此外，龙头企业的安全性和合规性较强。

投资团队根据投资方向和行业优选的原则初选项目后，要收集资料并开展项目调研，必要时要与投资企业签署《保密协议》，并按照公司合同管理办法执行。投资团队可提交跟进审核，经前台分管领导同意后可进入立项准备阶段。

3. 扶贫模式识别

投资团队选择所投资的行业时，既要重视所选行业未来的经济效益前景，也要重视所选行业可能贡献的社会效益，根据基金过往几年的投资经验，部分行业在扶贫模式上的特点如下所述。

（1）农业。

农业是国民经济发展的基础，为国民经济其他部门提供粮食、副食品、工业原料和资金。在自然条件差、人力资本不足的老少边穷地区，农业仍是主导产业。农业企业在带动建档立卡贫困户脱贫致富的过程中有着不可替代的重要作用，是贫困地区实施精准扶贫开发的生力军，该行业具有以下扶贫特征：

1）贫困户参与程度高、带动效应持续性强、促进农业产业链融合发展。

贫困户参与程度高。一方面，部分贫困地区具有得天独厚的资源禀赋，地形、水文、气候条件为发展特色农产品种植养殖提供了良好的生态环境条件。另一方面，贫困户受到年龄、身体素质、教育水平等因素的制约，往往难以在当地或外地获得一份收入较高的非农工作。而农业产业技术门槛较低，投资小、见效快，在企业提供的技术管理、生产资料服务体系支撑下，贫困户参与特色产业的热情较高，参与程度较高，增加了农业家庭经营收入，使收入来源多元化，提高了贫困户农业生产的抗风险能力。

　　带动效应持续性强。一方面，政府与农业企业可以充分利用当地资源和自身优势，为贫困户免费提供种苗、肥料、农药以及生产设备、场地，缓解贫困户的生产资料限制，提高贫困户的生产积极性。另一方面，农业企业可以创建"公司＋基地＋合作社＋农户"或"公司＋农户"的合作模式，设定农产品最低收购保护价，降低市场风险，帮助贫困户与农业企业持续合作，实现家庭收入的稳定增长。

　　促进农业产业链融合延伸。首先，农业企业可以通过与村、组、农户签订连片土地租赁合同，盘活荒山荒地，实现自然资源的充分利用。其次，企业完善的技术服务团队能够帮助农户革新生产技术，提高产品质量，节约生产成本，增强农产品的市场竞争力。此外，上游企业能够为下游企业提供种养所需的有机肥、饲料，而下游企业可以为上游企业提供生产原料。

　　2）农业企业的就业带动具有劳动力需求多样化、增收效果明显的特征。

　　劳动力需求多样化。农业企业从自身发展需求与品牌效应出发，逐步向产业链的上游、下游延伸，设立原料生产基地、原料加工车间和销售团队，并建立完善的技术服务团队作为原料生产环节的重要保障。农产品原料的生产、加工用工量大，技术要求相对较低，对长期从事种养的贫困户而言，能完全胜任，可以解决农村中老年劳动力（特别是妇女）农闲时间的就业增收问题。

　　增收效果明显。农业企业按照岗位技术含量和劳动强度的高低，可以制定不同的工资发放标准。原料生产基地的普通岗位技术含量相对较低，用工时间灵活，对贫困户的组织与管理相对松散，因此，可以采用日工资与计件工资相结合模式计算工资、按月发放。

　　3）农业企业的资产收益扶贫具有针对性强、帮扶弱势贫困户效果显著的特征。

　　如有部分农户年龄偏大、健康状况差、缺乏劳动能力的情况，难以通过从事农业、非农生产增加家庭收入实现脱贫，资产收益扶贫可以通过政府产业扶贫资金投资农业企业，为缺乏劳动能力的贫困户拓宽收入来源，弥补前两种帮扶措施的不足，帮扶效果显著。

（2）加工制造业。

加工制造业是一国或地区财政收入的主要来源，对地区国民经济发展、居民就业和收入水平的提高发挥着重要的作用。该行业具有以下扶贫特征：

1）加工制造业税收贡献、产业带动等间接扶贫效果显著，有较强的可持续性。

加工制造业往往是一个地区税收和产业发展的主要来源和动力，对地区经济发展和精准扶贫事业发挥着重要的作用。企业不断发展带来的税收收入是政府进行贫困户劳动力技能培训、易地扶贫搬迁等扶贫项目的基础。加工制造业带贫成效显著且可持续性较强。

2）加工制造业扶贫模式有助于提升地区内生脱贫能力，提高地方企业的管理能力和管理规范化水平，实现扶贫先"扶智"。

一方面，加工制造企业对技术要求高，在人力资源开发方面的效果尤为明显。加工制造业的就业带动模式围绕贫困地区经济社会发展和促进贫困户就业的需要，通过培训一批适应企业发展需要的贫困劳动力，提升贫困地区劳动力的就业技能，使技能人才发展基本满足企业需要，进而满足贫困地区经济社会发展需要，有效解决贫困户科学文化素质整体偏低、精神生活匮乏的现状，为贫困农户从根本上脱贫致富打下坚实基础。另一方面，基金对所投资企业资金运用、财务规章等方面提出了较高的要求，有助于提高地方企业的管理规范化水平。

3）加工制造业就业带动扶贫模式总体上精准度较低。

与农业行业不同，加工制造业对劳动力素质和技能要求相对较高，这导致加工制造业尽管能够提供一定的工作岗位，但覆盖面较窄、精准度相对较低。如机械装备制造等加工工业对劳动技能的要求相对较高，身体素质较差或缺乏相关劳动技能的贫困户家庭往往被排除在外。

（3）旅游业。

旅游业是指凭借旅游资源和设施，向旅游者提供旅行游览服务的行业，是具有经济、社会、生态、文化效益的现代服务业。旅游业具有以下扶贫特征：

1）旅游业的直接生产带动模式具有增加农副产品销量、推动农业升级转型的优势。

增加农副产品销量。一方面，农户可以凭借景区平台销售自家农副产品；另一方面，旅游企业通过"企业＋农户""企业＋合作社＋农户"的方式整合农户资源，帮扶发展种植业、养殖业，降低农业经营成本，合作社以高于市场价统一收购农副产品，拓宽销售渠道，促进农民稳定增收。

推动农业升级转型，提高农业效益。贫困地区由于外出务工人员多而形成的"空心村"现象普遍存在，导致大量土地闲置，旅游开发企业的入驻可以盘活荒废的土地资源。同时农户可自主种植旅游作物，发展特色农业，包括发展以休闲体验为主要形式的乡村旅游业，如"山地景观种植型"旅游业，以及以成片农业作物吸引游客前来观光、休闲和度假的观光农业，如"花海旅游"等，改变了"空心村"无特色农业的现状。

2）旅游业的就业带动模式具有带动就业类型多样、吸纳人口多、从业门槛低、自主创业增收明显的优势。

带动农户就业类型多。旅游业涉及交通、游览、住宿、餐饮、购物、文娱等方面，岗位需求量大、门槛低且岗位多样化，如建筑岗位、服务岗位、园区建设岗位等，为不同年龄层次、不同劳动能力的农户提供了就业机会。其中劳动能力强的农户可以选择建筑岗位，妇女可以选择服务岗位等，60岁以上的贫困户可以从事景区种植、清洁等工作。旅游企业专门为贫困户提供公益岗位，旅游景区的长期开发运营，使贫困户获得稳定、长期的工资性收入，其带动脱贫效果明显。

自主创业增收明显。旅游景区开放后，随着游览量不断增加，集"旅游、休闲、体验、教育、医疗、养老、生态农业"为一体的"一站式"旅游，为贫困户自主创业创造了条件，拓宽了脱贫渠道。在旅游景区周边，贫困户利用自家空置房屋，改造建设民宿，吸引游客居住，利用当地特色产品开设纪念品小店，或者依托当地农产品成立"农家乐"、小吃店等，有效增加生产经营性收入。

3）旅游业的资产收益模式具有资源利用率高、分红稳定的优势。

土地、劳动力和旅游资源利用率提高。首先，旅游业通过"企业＋农户""企业＋合作社＋农户"的方式合理配置农村土地、劳动力等要素资源，有效提高农户的土地流转收入和生产经营性收入。其次，"人造景观开发型"旅游景区的开发占用农户房屋、土地，农户拥有搬迁后新房产权，旺季景区房产市场需求量大，搬迁农户可以通过出租房屋或开设民宿，在获得搬迁后的征地收入基础上，获得房屋租赁收入或创业收入。最后，农户还可以通过旅游作物促进初加工、深加工和一二三产业的融合，获取产业链融合的附加值。

分红稳定。采用"企业＋合作社＋农户"的模式，政府支持成立合作社，并鼓励、要求贫困户入社，农户以土地入股合作社，每年根据所持股份比例获取稳定的分红。弱能贫困户即使不能参与合作社统一劳作，也可获取分红收入，享受旅游景点快速发展所带来的好处。总的来看，旅游业是扶贫效果较好、成本较低、返贫率低、受益面宽、拉动性强的行业之一。

（4）能源矿产业。

能源矿产又称燃料矿产、矿物能源，主要指赋存于地表或者地下的，由地质作用形成的，呈固态、气态和液态的天然富集物，是中国矿产资源的重要组成部分。能源矿产业相对特殊，与农户关联程度较低，但是在增加地方税收收入和助力地方基础设施建设方面作用显著，而且该行业对国家和地区发展具有战略意义。能源矿产业具有以下扶贫特征：

在直接扶贫效果方面，首先，能源矿产企业缺乏免费提供的生产资料，但是会对一部分农民工进行岗前培训，生产带动成效相对一般。其次，能源矿产业人均工资相对较高，其所带来的全职就业贫困人口人均工资均超过国家贫困线，因此就业带动成效较好；虽然能源矿产业资产收益扶贫模式不甚丰富，但是在开采地下资源时，如果相关矿产在农业用地下方，则企业会向农户支付青苗补偿费、耕地占用费等费用，资产收益成效相对一般。最后，能源矿产企业由于收益水平较高，一般都承担对口帮扶任务，所以定点帮扶和公益捐赠的投资效率相对较好。因此，能源矿产业直接扶贫方面强在就业带动和定点帮扶上。

在间接扶贫效果方面，首先，能源矿产企业吸引社会资本效率较高，基金外新增投资成效相对较好；其次，能源矿产企业上缴各项税费相对较高，促进贫困地区地方政府收入成效较好；最后，能源矿产企业经营性基础设施投入成效相对较好。因此，能源矿产业间接扶贫方面均能够呈现出较好的效果。

（5）服务业。

服务业是随着商品生产和商品交换的发展，继商业之后产生的一个行业。服务业经济活动最基本的特点是服务产品的生产、交换和消费紧密结合。服务业相对特殊，与农户关联程度较低，但是在增加就业带动和地方税收收入方面的作用显著，而且该行业对国家和地区发展、转型具有战略意义。服务业具有以下扶贫特征：

在直接扶贫效果方面，首先，服务业生产带动各环节的基金投资效率较低，因此生产带动成效相对较低。其次，服务业以人为本，因此就业带动成效较好；服务业的土地流转规模有限，因此资产收益成效相对较低。最后，服务业企业的效益差别较大，使得定点帮扶和公益捐赠的投资效率在不同企业间的差异相对较大。因此，服务业直接扶贫方面强在就业带动。

在间接扶贫效果方面，首先，服务业吸引社会资本效果较弱，因此基金外新增投资成效相对较差；其次，服务业上缴各项税费相对较少，促进贫困地区地方政府收入成效一般；最后，服务业所带来的经营性基础设施投入成效相对较好。此外，贫困地区服务业一般是一二产业衍生出来的配套产业，其快速发展反过来会推动上述产业更好地发展，对当地产业发展与转型贡献较大。因此，服务业间接扶贫方面主要体现在对经营性基础设施投入的带动和对当地产业发展转型的贡献上。

（六）投资流程

详细的投资流程包括八个环节：项目寻找；项目甄选；前期商业尽调；项目立项、签署投资意向书；法律、财务尽调，评估以及完整商业尽调；备案或复核后，进行项目投决；签署投资协议；拨付资金（见图3-10）。

1. 项目寻找

投资项目主要有以下几个来源：通过公开信息（如上市公司定增公告）获得项目；通过政府、券商等中介、财务顾问（FA）获得项目；与国

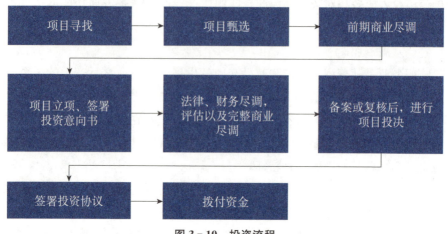

图 3 - 10　投资流程

内外股权投资机构结为联盟，信息共享，联合投资；通过行业内活动（如论坛等）获得项目；通过上市公司获得项目信息；跟踪和研究国内外新技术的发展趋势以及资本市场的动态，通过资料调研、项目库推荐、访问企业等方式寻找项目信息。

2. 项目甄选

对于不同项目的甄选，投资团队要严格按照投资工具与合作对象评级表的内容进行，根据得分高低排列，并根据名次考虑投资顺序。

3. 前期商业尽调

项目投资前要完成前期商业尽调，前期商业尽调可以总结为"54321"机制：

（1）在项目企业连续考察 5 个工作日。

投资团队要在项目企业连续考察 5 个工作日，由此不仅可以看到企业日常的运作状态，还可以通过观察员工的工作情况来体会企业文化、业务和运营状况。

（2）至少访问 4 个上下游客户。

投资团队对被投资企业的尽调还要包括其上下游客户，这种考察往往具有验证的性质。一般情况下，至少应该选择 4 个样本企业，即至少两个上游供应商和两个下游客户。

对上游供应商的调查主要集中于与企业的供应关系，合同的真实性、数量、期限和结算方式；对下游客户的考察除了对其与企业之间的销售合同相关资料进行核查外，还要收集客户对企业产品的评价和企业营销方法等信息。

（3）至少访谈 3 个股东或管理层人员。

前期商业尽调时，投资团队往往频繁与企业实际控制人接触，而忽略了与企业管理层和小股东的沟通。事实上，有时候与实际控制人以外的其他股东以及管理层沟通可能会获得更加真实的信息。

（4）至少考察 2 个项目企业竞争对手。

投资团队要重视对被投资企业竞争对手的考察，要选择与企业相关度最高的 2 个及以上竞争对手作为样本，比较竞争对手与被投资企业的优劣，发现企业的竞争优势和不足，考量企业的市场地位和产品占有率。

（5）至少与企业普通员工吃 1 次饭，完成 1 篇商调报告。

投资团队要利用非正式的机会和员工交流，对于依靠人力资源发展的企业，这是重要性较高的一个步骤。从与员工的谈话中得到的信息，有时比企业管理者按照商业计划书准备的问题所带来的信息更能反映企业的情况。

4. 项目立项、签署投资意向书

对通过书面初审和现场初审的项目，投资团队要提交立项申请材料，经公司立项委员会批准立项，并开展下一步工作。

项目完成立项后，要与项目企业签署投资意向书，内容一般包括投资达成的条件、投资方建议的主要投资条款、保密条款以及排他性条款。

5. 法律、财务尽调，评估以及完整商业尽调

签署投资意向书之后要开展正式尽职调查，由中介进行法律尽调、财务尽调、审计、评估等工作，并由投资团队在前期商业尽调的基础上，独立完成完整的商业尽调。部分项目还需进行扶贫效果尽调。商业尽调参考清单如表 3-2 所示：

表 3 - 2   商业尽调参考清单

序号	类别	资料内容
1	公司基本资料	公司及关联方企业工商档案资料
2		集团组织架构图，该架构图包含公司目前拥有权益的全部实体，并标注公司在每一实体中的权益比例
3		公司是否存在代持等情况，如有请说明具体情况
4		在公司及子公司的股权上设置质押或其他担保权益的情况
5		公司及子公司的持股计划或股权激励计划（如有）
6		公司所拥有无形资产的权利证书及土地使用权证、房产证、专利证书、知识产权统计表
7		公司员工的年龄、教育水平分布情况统计表
8		公司高管人员名单、履历、在公司内部外部兼职情况说明及聘任文件，高管人员之间是否存在亲属关系情况说明
9		公司股东对外投资自查表，包括但不限于投资公司名称、金额、股权比例、经营范围
10	公司财务状况调查	公司及各子公司近三年财务报表、审计报告（如无，则提供所得税汇算清缴报告）以及税务审计报告
11		公司及各子公司近三年年度及月度资产负债表、利润表、现金流量表
12		公司及各子公司近三年各项税收的纳税申报表
13		公司及各子公司与各关联方在统计期内发生的交易金额统计
14		公司及各子公司应收账款明细资料，其他应收款明细资料，应收账款和其他应收款账龄统计表
15		公司及各子公司固定资产、无形资产明细表
16		公司及各子公司主要机器设备情况，包括设备产能、近三年实际产量情况
17		公司及各子公司近三年中各年度销售收入的情况，包括主要产品情况、销售数量、销售金额、主要产品毛利率情况
18		公司及各子公司采购、销售、生产、仓储、财务、行政等各方面的内部控制制度
19	公司持续经营能力调查	公司主营业务的经营模式
20		公司产业链结构、主要业务类型
21		公司生产工艺流程图
22		公司的业务发展目标、发展战略、发展规划
		公司所处行业情况及市场竞争状况
23		公司上下游行业的基本情况
		行业的技术水平及公司技术的先进性程度

续前表

序号	类别	资料内容
24	公司持续经营能力调查	公司五家最大客户和供应商名单、年业务量规模及其占总业务比例
25		公司的技术优势和研发能力
26		研发机构的设置及研发成果、在研项目，研发人员数量及主要研发人员资历等情况
27		公司是否存在合作研发及合作研发的相关协议
28		核心技术人员姓名、职务、研发经历、研发成果等情况
29	公司治理调查	公司与控股股东、实际控制人及其控制的其他企业是否存在业务、资产、人员、财务、机构方面的混合经营或兼职情形
30		公司与控股股东、实际控制人及其控制的其他企业是否经营同种或类似业务
31		公司管理层及核心技术人员的持股情况
32		管理层是否存在违法行为
33	公司合法合规事项调查	公司最近两年一期是否存在重大违法违规行为
34		公司股份是否存在转让限制，股份是否存在质押
35		公司主要财产的合法性，是否存在法律纠纷或潜在纠纷以及其他争议
36		公司是否存在重大债务情况
37		公司的纳税情况，包括税务登记证，执行的税种、税率是否符合法律、法规和规范性文件，纳税申报表、税收缴款书、税务处理决定书或税务稽查报告。有关税收优惠、财政补贴的依据性文件
38		公司生产经营活动是否符合环境保护的要求，是否受过环境保护部门的处罚。公司产品是否符合有关产品质量及技术标准，是否受过产品质量及技术监督部门的处罚
39		公司是否存在重大诉讼、仲裁及未决诉讼、仲裁情况
40	公司知识产权	公司或子公司拥有或许可给他人使用的或被许可使用的所有著作权、商标、服务标志、专利和其他知识产权的清单（包括所有申请），以及与上述各知识产权的购买、转让、许可、所有权、公告和注册有关的所有协议和文件的复印件

续前表

序号	类别	资料内容
41	公司知识产权	公司或子公司拥有或许可给他人使用的或被许可使用的所有专有技术、商业秘密、技术、技术信息和计算机软件的清单
42		对公司和子公司经营业务重要的知识产权清单
43		公司或子公司与第三方签订的关于技术开发和合作的所有协议以及就此得出的所有技术
44		(1)关于公司及子公司现有的或潜在的对第三方知识产权的侵犯,现有的或潜在的第三方对公司及子公司拥有的、许可给他人使用的、被许可使用的知识产权的侵犯的文件。(2)关于知识产权的现有或潜在仲裁或诉讼的相关信息

此外,如有需要,投资团队也需对项目进行独立估值,以辅助投资判断。

6. 备案或复核后,进行项目投决

待备案、复核完成后,投资团队要提交投资方案,以供投资决策委员会对投资项目行使投资决策权。

7. 签署投资协议

投资决策委员会审查同意拟投资项目,经法律顾问审核相关合同协议后,要由授权代表与被投资方签署《增资协议》或《股权转让协议》以及相关补充协议。投资协议中的常用条款如下(根据项目实际情况选择):

(1)交易结构条款。

投资协议应当对交易结构进行约定。交易结构即投融资双方以何种方式达成交易,主要包括投资方式、投资价格、交割安排等内容。

投资方式包括认购标的公司新增加的注册资本、受让原股东持有的标的公司股权,少数情况下也向标的公司提供借款等,或者以上两种或多种方式相结合。确定投资方式后,投资协议中还需约定认购或受让的股权价格、数量、占比,以及投资价款支付方式,办理股权登记或交割的程序(如工商登记)、期限、责任等内容。

(2)先决条件条款。

在签署投资协议时,标的公司及原股东可能还存在一些未落实的事项,或者可能发生变化的因素。为保护投资方利益,一般会在投资协议中

约定相关方落实相关事项，或对可变因素进行一定的控制，构成实施投资的先决条件，包括但不限于：

投资协议以及与本次投资有关的法律文件均已经签署并生效；标的公司已经获得所有必要的内部（如股东会、董事会）、第三方和政府批准或授权；全体股东知悉其在投资协议中的权利义务并无异议，同意放弃相关优先权利；投资方已经完成关于标的公司业务、财务及法律的尽职调查，且本次交易符合法律政策、交易惯例或投资方的其他合理要求；尽职调查发现的问题得到有效解决或妥善处理。

（3）承诺与保证条款。

对于尽职调查中难以取得客观证据的事项，或者在投资协议签署之日至投资完成之日（过渡期）可能发生的妨碍交易或有损投资方利益的情形，一般会在投资协议中约定由标的公司及其原股东做出承诺与保证，包括但不限于：

标的公司及原股东为依法成立和有效存续的公司法人或拥有合法身份的自然人，具有完全的民事权利能力和行为能力，具备开展其业务所需的所有必要批准、执照和许可。

各方签署、履行投资协议，不会违反任何法律法规和行业准则，不会违反公司章程，亦不会违反标的公司已签署的任何法律文件的约束。

过渡期内，原股东不得转让其所持有的标的公司股权或在其上设置质押等权利负担。

过渡期内，标的公司不得进行利润分配或利用资本公积金转增股本；标的公司的任何资产均未设立抵押、质押、留置、司法冻结或其他权利负担；标的公司未以任何方式直接或者间接地处置其主要资产，也没有发生正常经营以外的重大债务；标的公司的经营或财务状况等方面未发生重大不利变化。

标的公司及原股东已向投资方充分、详尽、及时地披露或提供与本次交易有关的必要信息和资料，所提供的资料均是真实、有效的，没有重大遗漏、误导和虚构；原股东承担投资交割前未披露的或有税收、负债或者其他债务。

投资协议中所做的声明、保证及承诺在投资协议签订之日及以后均为真实、准确、完整的。

（4）公司治理条款。

投资方可以与原股东就公司治理的原则和措施进行约定，以规范或约束标的公司及其原股东的行为，如董事、监事、高级管理人员的提名权，股东（大）会、董事会的权限和议事规则，分配红利的方式，保护投资方知情权，禁止同业竞争，限制关联交易，关键人士的竞业限制等。例如：

1）一票否决权条款。即投资方指派一名或多名人员担任标的公司董事或监事，有些情况下还会指派财务总监，对于大额资金的使用和分配、公司股权或组织架构变动等重大事项享有一票否决权，保证投资资金的合理使用和投资后企业的规范运行。

2）优先分红权条款。股东之间可以约定不按持股比例分配红利，为保护投资方的利益，可以约定投资方的分红比例高于其持股比例。

3）信息披露条款。为保护投资方作为标的公司小股东的知情权，一般会在投资协议中约定信息披露条款，如标的公司定期向投资方提供财务报表或审计报告、重大事项及时通知投资方等。

（5）反稀释条款。

为防止标的公司后续融资稀释投资方的持股比例或股权价格，一般会在投资协议中约定反稀释条款，包括反稀释持股比例的优先认购权条款，以及反稀释股权价格的最低价条款等。

1）优先认购权。投资协议签署后至标的公司上市或挂牌之前，标的公司以增加注册资本方式引进新投资者，应在召开相关股东（大）会会议之前通知本轮投资方，并具体说明新增发股权的数量、价格以及拟认购方。本轮投资方有权但无义务，按其在标的公司的持股比例，按同等条件认购相应份额的新增股权。

2）最低价条款。投资协议签署后至标的公司上市或挂牌之前，标的公司以任何方式引进新投资者，应确保新投资者的投资价格不得低于本轮投资价格。如果标的公司以新低价格进行新的融资，则本轮投资方有权要求控股股东无偿向其转让部分公司股权，或要求控股股东向本轮投资方支付现金，即以股权补偿或现金补偿的方式，使本轮投资方的投资价格降低至新低价格。

（6）估值调整条款。

估值调整条款又称对赌条款，即标的公司控股股东向投资方承诺，未实现约定的经营指标（如净利润、主营业务收入等），或不能实现上市、挂牌或被并购目标，或出现其他影响估值的情形（如丧失业务资质、重大违约等）时，对约定的投资价格进行调整或者提前退出。估值调整条款包括：

1）现金补偿或股权补偿。若标的公司的实际经营指标低于承诺的经营指标，则控股股东应当向投资方进行现金补偿，应补偿现金＝（1－年度实际经营指标÷年度保证经营指标）×投资方的实际投资金额－投资方持有股权期间已获得的现金分红和现金补偿；或者以等额的标的公司股权向投资方进行股权补偿。但是，股权补偿机制可能导致标的公司的股权发生变化，影响股权的稳定性，在上市审核中不易被监管机关认可。

2）回购请求权。如果在约定的期限内，标的公司的业绩达不到约定的要求或不能实现上市、挂牌或被并购目标，投资方有权要求控股股东或其他股东购买其持有的标的公司股权，以实现退出；也可以约定溢价购买，溢价部分用于弥补资金成本或基础收益。如果投资方与标的公司签署该条款，则触发回购义务时将涉及减少标的公司的注册资本，操作程序较为复杂，不建议采用。

此外，根据最高人民法院的司法判例，投资方与标的公司股东签署的对赌条款是签署方处分其各自财产的行为，应当认定为有效；但投资方与标的公司签署的对赌条款则涉及处分标的公司的财产，可能损害其他股东、债权人的利益，或导致股权不稳定和潜在争议，因而会被法院认定为无效。所以，无论是现金或股权补偿还是回购，投资方都应当与标的公司股东签署协议并向其主张权利。

（7）出售权条款。

为了在标的公司减少或丧失投资价值的情况下实现退出，投资协议中也约定出售股权的保护性条款，包括但不限于：

1）随售权或共同出售权条款。如果标的公司控股股东拟将其全部或部分股权直接或间接地出让给任何第三方，则投资方有权但无义务，在同等条件下，优先于控股股东或者按其与控股股东之间的持股比例，将其持有的相应数量的股权出售给拟购买待售股权的第三方。

2）拖售权、强制出售权条款。如果在约定的期限内，标的公司的业绩达不到约定的要求或不能实现上市、挂牌或被并购目标，或者触发其他约定条件，投资方有权强制标的公司的控股股东按照投资方与第三方达成的转让价格和条件，和投资方共同向第三方转让股份。该条款有时也是一种对赌条款。

（8）优先清算权条款。

如果标的公司经营亏损最终破产清算，投资方未能及时退出，可以通过清算优先权条款减少损失。例如，投资协议中可以约定，发生清算事件时，标的公司按照相关法律及公司章程的规定依法支付相关费用、清偿债务、按出资比例向股东分配剩余财产后，如果投资方分得的财产低于其在标的公司的累计实际投资金额，控股股东应当无条件补足；也可以约定溢价补足，溢价部分用于弥补资金成本或基础收益。

8. 拨付资金

协议签署后执行资金拨付，完成投资环节。

（七）投资组合

投资团队要坚持组合投资理念，不断在投资实践中总结经验，通过从区域分布、产业类型、投资方式、发展阶段等多维度出发构建投资组合，兼顾社会效益和经济效益，实现基金整体保本微利和扶贫带动目标。投资团队既要加强与央企、省属国企、大型民营龙头企业合作，投资一批扶贫效果好、收益有保障的项目，又要注重一批收益较高、产业带动能力强的证券化项目，还要兼顾扶贫效果显著但经济效益一般的项目。投资团队在投资管理时要注重利用投资组合分散风险，充分利用投资组合理论做出分析，通过对投资项目的精准分析，做出精准判断，科学地选择投资方式。一是要充分对投资工具、合作对象和合作模式进行分析，选取多样化的合作对象，采取多样化的合作模式，分散风险，例如部分投资项目可以跟中央企业、大型地方国有企业、大型民营企业等合作，另外部分投资项目可以和混合所有制企业合作；部分投资项目可以采用一般合作模式，另外部分投资项目也可以采取子基金的合作模式。二是要认真分析行业研究报告，要做到对每个行业的特点和优劣了如指掌，对不适合基金特点的行业项目不涉足，对适合基金特点的行业项目可以加大投资，居中的行业项目也可以适当投资，通过对行业项目的分散投资来降低风险、提高效益，例如，可以通过行业构建投资平台，要求投资团队根据投资平台筛选项目。

三、投后管理

投后管理是实现基金保值增值、有效退出的重要保障，基金管理公司要加强投后管理业务，其主要包括三大部分：投后跟踪、投后常用监管指标和增值服务。

（一）投后跟踪

投后跟踪是关注投资资金和被投资企业的主要措施，包括参与被投资企业三会治理、关注被投资企业经营状况、与企业保持日常联络和沟通以及跟踪协议条款执行情况。

1. 参与被投资企业三会治理

管理团队要通过参与被投资企业股东大会（股东会）、董事会和监事会（如有派驻监事），全面了解与被投资企业发展相关的重要信息，并通过行使相应职权保护股权投资基金的利益，促进被投资企业的良性发展。

2. 关注被投资企业经营状况

首先，管理团队要利用企信宝（企业征信信息查询平台）等服务来持续监控被投资企业的各项动态，力求在第一时间了解到被投资企业的最新舆论信息；其次，被投资企业有义务及时向基金管理公司提供与企业经营状况相关的报告及相关资料，包括月度报告、季度报告、半年度报告、年度报告、银行日记账等有关明细资料；最后，管理团队要结合被投资企业年度经营计划、行业变化信息和经营报告了解企业业务进展情况，并密切关注企业出现的问题，如支付延误、亏损、财务报表呈报日期延误、财务报表质量不佳、资产负债表项目出现重大变化、企业家回避接触、出现大量财产被盗情形、管理层出现变动、销售及订货出现重大变化、存货变动异常、缺少预算和计划、会计制度变化、失去重要客户和供应商、出现劳工问题、市场价格和份额变化等，及时向公司反馈并处理。此外，管理团队还要密切关注企业生产所需技术的变化、企业所处行业的变化及政府政策的变动等外部预警信号。

3. 与企业保持日常联络和沟通

产业扶贫基金作为外部投资者，要减少或消除信息不对称带来的问题，及时沟通是最有效的解决办法。管理团队可以采取电话或会面、到企业实地考察等方式与被投资企业主要管理人员进行交谈和接触，目的是了解企业的日常经营情况，并对其进行指导或咨询，实现有效的沟通。

4. 跟踪协议条款执行情况

在投后管理阶段，管理团队要实时跟踪协议条款执行情况，保护双方的合法权益。当发现项目出现风险时，应当立即采取补救措施。此外，有一些投资协议可能会规定一些其他交割后义务，在交割之后需要由被投资企业继续履行一些后续的义务，管理团队也需要对这些条款的履行情况进行持续监控。

(二) 投后常用监管指标

为了使被投资企业健康发展，基金管理公司要采取各项具体措施对被投资企业进行监控。在投后项目监控方面，需要重点关注以下指标。

1. 经营指标

对于业务和市场已经相对成熟稳定的企业，侧重于业绩指标，如净利润；对于尚在积极开拓市场的企业，侧重于成长指标，如销售额增长、网点建设、新市场进入等。

2. 管理指标

管理指标主要包括公司战略与业务定位、经营风险控制情况、股东关系与公司治理、高级管理人员尽职与异动情况、重大经营管理问题、危机事件处理情况等。

3. 财务指标

财务指标主要包括资金使用情况、三大财务报表（尤其注重现金流的健康情况）、会计制度与重大财务方案、进驻财务监督人员的反馈情况等。

4. 市场信息追踪指标

市场信息追踪指标主要包括产品市场前景和竞争状况、产品销售与市场开拓情况、经第三方了解的企业经营状况、相关产业动向及政府政策变动情况等。

（三）增值服务

投后管理除了跟踪和监管以外，还要包括相关增值服务。投后管理增值服务包括完善公司治理结构、规范财务管理系统、提供再融资服务、提供外部关系网络、上市辅导及并购、开展专题业务培训、搭建交流合作平台和党建工作指导八个部分。

1. 完善公司治理结构

基金管理公司要帮助被投资企业完善公司治理结构，要从被投资企业发展战略出发，通过培育组织能力、搭建人才梯队、强化激励约束、优化核心流程等，实现企业的规范化、科学化、制度化管理，发挥民企与央企各自优势，全面助力企业实现价值提升；要逐步规范并加强被投资企业的投后管理，通过管理能力输出，实现企业资本价值提升，践行"扶贫同扶智相结合"的扶贫理念；要为企业提供有关公司治理结构的系统解决方案，包括企业文化和组织架构优化、人力资源管理的规范与强化、流程与制度的梳理与完善，帮助企业建立现代化管理制度，实现科学管理，防范风险。

（1）企业文化的培育与融合。

企业文化，是一个组织由其价值观、信念、仪式、符号、处事方式等组成的特有的文化形象，决定了员工看法和对周围世界的反应。企业文化构成内部控制的内环境，企业中的所有人都"沐浴"其中，它直接影响员工思考问题的方式和态度。一旦内部控制形成一种风格、一种习惯，这种风格或习惯就成为企业文化的一部分。反过来，现有的企业文化也会对内部控制产生一定的影响。因此，基金管理公司要通过培育被投资企业的企业文化，将其员工的人生观、世界观和价值观统一起来，以提高企业凝聚力，形成一个强大的团体，激励员工将自我价值融入企业价值中，为企业的发展而奉献。

（2）信息系统。

信息系统是指企业治理控制、管理控制和作业控制以及企业文化之间进行信息传递和信息反馈的所有通道。信息系统是进行数据收集、处理、存储、传递（包括反馈）的系统。通过对组织内部和外部数据的收集和处理获得有关信息，并传递给控制主体，从而对经营活动做出调整，以实现对风险的控制。基金管理公司要帮助被投资企业以财务管理系统为模板开发部署子系统，子系统功能包括企业财务资产负债表、利润表、现金流量表电子账套，企业在线财务核算，为不具备财务电算化的企业提供基础的财务信息系统支持，补齐企业财务管理能力薄弱的短板。

（3）企业内部控制。

公司治理是一种指导和控制企业的体系，其目的在于明确企业不同参与者之间的权利和义务的分配，描述企业事务决策的规则和程序。企业内部控制分为三个层次：治理控制、管理控制和作业控制。

基金管理公司要通过投后增值服务帮助贫困地区企业建立合理的内部控制体系，从治理控制、管理控制和作业控制三个层次优化股东大会、董事会、监事会、经理层及员工所构成的公司内部治理结构，帮助企业实现可持续发展；要从企业发展战略出发，帮助实现企业的规范化、科学化、制度化管理，发挥"管理扶贫"与"产业扶贫"协同效应，全面助力企业实现价值提升，实现产业扶贫的社会效益。

2. 规范财务管理系统

企业在初创期，由于业务不多，为了节省开支，往往用最原始的记账方式——只进行原始的流水账登记，导致经营是笔糊涂账。原始的财务记账方法往往跟不上公司的发展需要，不管公司在哪个发展阶段，都需要完善财务核算体系和分析体系，基金管理公司要根据企业具体情况从以下三个方面规范被投资企业财务管理。

（1）公私分明，明确公司核算主体。

针对家族企业，理清企业财政和个人家庭财产之间的界限，防止相互占用的情况发生，以利于企业会计核算。

（2）规范财务制度，清晰了解企业财务数据。

规范财务制度，聘用专业的全职财务人员，形成准确的财务报表，利用财务数据的指导，进行经营分析。

（3）加强财务控制。

重视财务管理的核心地位，严把财务控制各个环节，避免产生现金管理不严、应收账款周转缓慢、存货控制薄弱、资产流失浪费严重和原始凭证不规范等一系列问题。

通过规范财务管理系统，基金管理公司应要求被投资企业今后做好财务和扶贫信息报送，规范企业管理经营。被投资企业需要进一步提高思想认识，用好产业扶贫基金，做大做强企业，提升扶贫效果，在助力地方经济发展和打赢打好精准脱贫攻坚战中做出更大贡献。

3. 提供再融资服务

按照党的十八大明确提出的全面建成小康社会和大幅减少扶贫对象的目标要求，基金管理公司应全面做好贫困地区的金融服务，可以通过以下几个方面帮助企业获得再融资：一是要通过加强对企业上市的培育，促进贫困地区上市企业、报备企业及重点后备上市企业融资取得新进展；二是在政策性金融、商业性金融和合作性金融协调配合的情况下，按照开发式扶贫原则、商业可持续性原则、因地制宜原则和突出重点原则实现共同参与的金融扶贫开发新格局。

4. 提供外部关系网络

企业生存在社会大环境中，参与社会活动必然会和外界发生联系。只有对外建立了良好的公共关系，获得外部公众的大力支持，企业的目标才能顺利实现。传播、沟通、协调、引导、协作是企业建立和维护外部关系网络的主要手段。

基金管理公司要尽力为被投资企业提供许多外部关系，以增强被投资企业的竞争优势：一是要为被投资企业引入重要的战略合作伙伴和外部专家，这包括帮助其寻找供应商、产品经销商，挑选会计师事务所、律师事务所，帮助被投资企业聘请管理咨询公司等；二是要为被投资企业寻找关键人才，当基金投资企业后，可以凭借对所投行业的经验，帮助被投资企业聘用合适的高级管理人才和核心技术人才。

以国投创益为例，它在提供外部关系网络方面表现出高度的责任感，想企业所想，急企业所急，通过帮助被投资企业协调与当地政府关系，解决企业发展面临的迫切问题。

5. 上市辅导及并购

基金管理公司要重视被投资企业的上市工作，要帮助被投资企业深入了解资本市场发行上市的审核标准及注意事项，帮助形式可以多样化：一是可以与证券交易所签署战略合作协议，双方在上市培育、投融对接等方面开展战略合作；二是可以组织拟上市企业在上市大厅实地观摩学习；三是可以组织证券交易所人力推广部的领导和专家就深交所多层次资本市场与 IPO 上市政策动态、发审要点等内容进行讲解和培训，并解答相关疑惑。

6. 开展专题业务培训

为了进一步发挥国有资本的投资导向作用，助推贫困地区产业发展，基金管理公司可以在各地域组织被投资企业召开农业企业培训交流座谈会，邀请著名研究院专家就中美贸易摩擦、供给侧结构性改革及农业种养殖、加工等各类宏观经济热点和行业发展形势进行分析，参会的被投资企业可以互相分享业务经营情况和开展扶贫的做法，相互交流经验。基金管理公司还可以通过专题业务培训的方式，帮助企业兴企强企，专题业务培训内容包括以下几个方面。

（1）落实企业相关部门责任。

专题业务培训要明确参与培训规划的每个企业内部的部门具体分工，同时要协调好各个部门之间关系，通过培训来促进企业内部各个部门相互配合，实现"1+1>2"的效果。

（2）建立合适的系统规划。

专题业务培训要帮助企业建立合适的系统规划，企业系统的规划和建设，要从企业的战略与人力资源开发策略出发，明确好企业的定位和发展方向，使其更符合企业的实际情况。

（3）实施特色竞争战略。

专题业务培训要建议企业实施特色竞争战略。所谓特色竞争战略就是需要企业毫不犹豫地从一种特色产业入手，集中各自的优势资源，采取超常措施，实施重点突破。其特点就是不撒"胡椒面"，不求面面俱到，而是将战略的注意力集中于一个特色点上，挖掘深加工潜力，把特色产业逐步做强做大，争取在激烈的市场竞争中形成领先优势。

（4）重视高附加值产品。

专题业务培训要提醒企业重视高附加值产品，通过研究创造高附加值产品，全面提高"成本优势"和"低成本运作"能力，千方百计在研究、服务、营销、广告等多方面节约成本，使特色产业在激烈的市场竞争中形成规模优势，获得领先地位。尤其是当市场竞争激烈时，仍然可以获得较高的利润，这样特色产业就能长期处于低成本地位，赢得成本领先的竞争优势，获得持续稳定的发展。

7. 搭建交流合作平台

基金管理公司要通过组织当地政府和被投资企业开展招商推荐会，为被投资企业搭建合适的交流合作平台。参加招商推荐会的成员应包括政府主要领导、主管部门领导、各被投资企业和专家学者。推荐会的主要环节应有三个：一是地方政府介绍环节，政府主要领导推荐优势资源，介绍招商优惠政策，邀请被投资企业来本地投资兴业；二是经验交流环节，企业负责人在会上一一交流发言，分享产业扶贫的建议，专家学者也可以根据自身的研究成果分享目前产业扶贫需要注意的问题以及给出相应建议；三是沟通交流环节，有明确投资意向的企业可以与地方主管部门沟通，商量项目落地条件。通过为被投资企业搭建交流合作平台，能在以下几个方面有利于企业的发展。

（1）有利于完善企业制度。

企业制度是企业产权制度、组织形式和经营管理制度的总和，是一个以产权制度为基础建立起来的企业组织形式和经营管理制度体系。通过搭建有效的交流合作平台，促进企业与地方政府及专家学者之间的交流，推动企业建立健康、有序、可持续发展的制度体系，调整企业与内部员工及外部经济主体之间的经济关系。

（2）有利于扩张企业规模。

企业通过搭建合作平台来整合企业外部资源，获得企业发展所需的重要资质和技术能力等竞争优势，形成规模经济，获取规模效益，实现企业跨越式的发展。

（3）有利于调整产业结构。

为适应不断变化的经济环境，企业必须以市场为导向，调整产业结构，提高企业自身的市场竞争能力。企业通过交流合作平台能借助资本市场，调整产业结构，优化企业生产经营的方向，规避和分散结构变化给企业发展带来的风险，实现企业向本行业或跨行业渗透、扩张的目的。

8. 党建工作指导

基金管理公司还要把党建工作作为提升被投资企业核心竞争力的重要抓手，充分发挥党组织的示范引导作用，确保企业发展沿着正确的政治方向前进；推动党建工作与企业生产经营深度融合，实现党建工作与企业发展同频共振；依托产业链夯实党建工作基础，以党建工作促进精准脱贫。

基金管理公司要坚持党建与公司治理相结合的原则助推被投资企业党建工作，进而助力精准扶贫、精准脱贫：一是要坚持与推进分类施策相结合。要从企业实际出发，根据企业产权结构特点区分不同情况，因企制宜、因资制宜，分类施策，确保党建工作有组织、有活动、有影响。二是要坚持与完善企业法人治理结构相结合。以党章为遵循，以现代企业制度为基础，把党的领导融入公司治理各环节，把党组织内嵌到公司治理结构之中，使加强党的领导与完善法人治理结构相统一。基金管理公司以股权方式投资的企业，在制定或修改公司章程时，应将党建工作的相关规定写入章程。三是要坚持与促进企业生产发展相结合。把发挥党的独特优势、促进生产经营发展作为党建工作的目标，以企业改革发展成果检验党组织的工作和战斗力。

四、退出管理

投资团队要根据被投资企业经营情况及合同约定，适时提出项目退出建议，形成《项目退出建议书》，并提交总经理办公会审议，退出立项流程参照立项执行。

投资退出分为股权退出和债权退出。股权退出分为证券化退出和非证券化退出两种形式。债权退出分为可转换债券/可交换债券退出、可转换债权退出和债转股退出三种形式。

(一) 股权退出

1. 证券化退出

一般来说，通过定向增发项目、上市公司＋PE 项目、Pre-IPO 项目可实现持有股权的证券化退出。退出工具包括两种：大宗交易和竞价减持。

（1）大宗交易。

大宗交易又称大宗买卖，是指达到规定的最低限额的证券单笔买卖申报，买卖双方经过协议达成一致并经交易所确定成交的证券交易。

根据交易所规定，上市公司特定股东（包括定增解禁的基金）减持，采纳大宗交易方式的，在任意间断 90 日内，减持股份的总数不得超过公司股份总数的 2％，且受让方在受让后 6 个月内，不得转让所受让的股份。

由于大宗交易受让方会在后续出售标的股票时受到一定限制，因此受让价格相对市场价格会出现一定的折价。

（2）竞价减持。

竞价减持即在基金定增禁售期截止后，持股方以市价在二级市场卖出股票，实现退出。

持有上市公司非公开发行股份的股东，通过集中竞价交易减持该局部股份的，自股份解除限售之日起 12 个月内，减持数量不得超过其持有该次非公开发行股份数量的 50％。

2. 非证券化退出

一般来说，如出现企业上市未实现、投资期终了、企业新一轮融资等情况，触发非正常退出条件则可采取非证券化退出的形式。退出机会可以通过两种渠道实现：一是通过投后管理监控企业财务运营情况发现触发退出的情况，并要求执行退出；二是通过增值服务发现企业有再融资的机会或者意愿，并协助寻找新投资方，在新一轮融资中以挂牌转让股权形式实现退出。在非证券化退出情形中，可用的退出工具为挂牌转让与大股东回购。

（二）债权退出

1. 可转换债券/可交换债券退出

可转换债券/可交换债券退出分为两种：一种是如果投资的可转换债券/可交换债券选择转股/换股，则可以通过在二级市场出售股份的方式实现退出。另一种是如果投资的可转换债券/可交换债券选择不转股/换股，则可以通过在二级市场出售债券或还本付息的方式实现退出。

2. 可转换债权退出

可转换债权退出分为两种：一种是如果投资的可转换债权选择转股且最终实现上市，则可以通过在二级市场出售股份的方式实现退出。如果投资的可转换债权选择转股且最终未实现上市，则可以通过挂牌转让或大股东回购的方式实现退出。另一种是如果投资的可转换债权选择不转股，则可以通过还本付息的方式实现退出。

3. 债转股退出

债转股退出分为两种：一种是如果投资债转股项目最终实现上市，则可以通过在二级市场出售股份的方式实现退出；另一种是如果投资的债转股项目最终未实现上市，则可以通过挂牌转让或大股东回购的方式实现退出。

第二节　产业基金扶贫目标管理

目标管理内容是产业基金扶贫的特色，包括全面风险管理（见图3-11）和扶贫效果管理。全面风险管理是所有投资基金管理的重要内容，扶贫效果管理是产业扶贫基金管理的特殊环节。

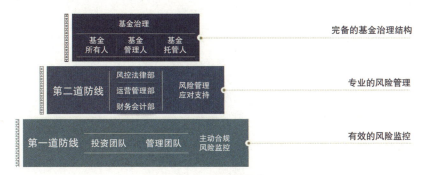

图 3 - 11　全面风险管理

一、全面风险管理

为加强风险管理工作，基金管理公司设置风控法律部门，专职负责基金和公司运营的全面风险管理，重点关注基金投资项目的相关风险。

（一）产业基金扶贫面临的风险及应对

1. 面临的风险

受贫困地区产业发展水平的制约，产业基金扶贫投资风险在类型分布上呈现业绩风险、规范性风险和信用风险并存的特点。从投资标的分析和选择角度来看，需关注的常见风险表现为：

（1）业绩风险。

贫困地区企业往往不同程度上存在小、散、乱、差现象，产业链较短，主营业务单一，短期内成长空间有限，经营业绩受宏观环境、产业波动或区域供求关系的影响较大，抗风险能力弱。在外部风险因素干扰下，企业可能难以实现预定业务目标，业绩完成度与投资预期存在较大差距，进而影响基金投资收益和投资安全。

（2）规范性风险。

与产业发展水平相一致，贫困地区企业较多地面临公司治理不健全、业务流程及财务管理规范性差等问题。在公司治理方面，可能存在股东会、董事会、监事会召开不及时，应提交会议审议决策事项未提交审议决策，会议召集和议事程序不规范等问题；在业务流程及财务管理方面，部分企业可能缺少相关专业人才，记录、凭证等文件管理及财务核算水平有待进一步提高。

（3）信用风险。

信用风险主要包括履约意愿和履约能力风险。投资协议签署后可能因投资标的或其控股股东或实际控制人履约意愿或履约能力不足而面临实际执行问题，如约定的整改事项难以按时完成，担保或工商变更登记手续办理迟延，回购义务人无意依约回购或因财务状况转差而无力履行回购义务等。

2. 应对措施

（1）完善风险管理制度建设。

基金管理公司要建立并不断完善覆盖投资管理、风险管理、财务管理等的规章制度体系，提高规章制度建设水平。基金管理公司要结合投资实践制定、修订公司风险管理基本制度及相关实施细则；建立公司投前负面清单、投资管理责任划分清单，明确投资项目纠纷解决程序；开展投资管理咨询和项目后评价，总结投资风险管理经验，提升投资管理能力。

（2）规范项目投前风险管理。

项目投前风险管理是产业基金扶贫投资风险管理的重点。针对项目投前风险，基金管理公司不断强化投资团队风险意识，提高风险识别和分析能力，对投资项目开展法律、财务、商业、社会效益等方面的尽职调查，掌握投资标的情况，消减信息的不对称，针对风险事项预先设计应对方案；将风险审查嵌入投资决策流程，项目立项和决策前由风控法律部门对投资建议书、投资方案实施风险审查，出具风控报告，揭示投资建议书、投资方案在合规、商业、财务、退出等方面存在的风险；决策机构对投资建议书、投资方案进行充分审议后做出决策；投资合同签署前，各部门对拟签署文本进行审核，防范合同风险。

（3）加强项目投后风险控制。

基金管理公司要建立投后管理的基本框架，提高投后风险管理效率，要采取督促投资协议履行、代表受托管理基金行使出资人权利、执行投后现场或非现场检查、加强基金投资资金监管、提高投后管理信息化水平等多种方式，促使企业规范运营，防范、化解基金投后管理风险。

（4）创新项目稳妥退出机制。

项目退出是基金投资的最终环节，也是产业基金扶贫投资有别于其他扶贫方式的重要特点。对于已投资项目，基金管理公司要根据项目实际情况，把握退出时机，主动研究、及时反应、迅速决策，探索多元化退出路径，维护基金投资安全和产业扶贫资金保值增值。

（5）提高信息建设支撑能力。

基金管理公司要高度重视信息化建设工作，根据投资业务特点建设投资管理系统、扶贫信息报送平台、数据分析系统和企业管理平台等信息系统，运用信息化手段加强投资决策流程管理，提高投资决策效率，完善被投资企业财务和业务监管。信息化建设可以进一步提高基金管理公司风险管理的时效性和实效性，强化公司对项目风险的反应能力。

（二）产业基金扶贫风险管理体系

产业基金扶贫风险管理体系主要包括风险管理架构、风险管理制度和风险管理细则。

1. 风险管理架构

公司章程是公司的根本制度，也是风险管理的原始依据，与基金章程或合伙协议、委托管理协议等共同构成风险管理架构。基金管理公司要设计完善的风险管理架构，从公司及基金章程或合伙协议、委托管理协议层面确定投资管理、风险管理的基本框架，为建立风险管理体系提供依据。

2. 风险管理制度

风险管理制度是公司风险管理的制度基础，与部门管理制度和经营管理制度共同构成风险管理体系的骨架。应根据风险管理的实际需要，对风险管理的目标和原则、风险管理的组织及职责划分、风险管理程序、风险管理工具等风险管理的核心要素予以明确。

3. 风险管理细则

风险管理的操作细则和流程标准构成风险管理制度的最底层操作部

分。风险管理细则主要由投资风险管理细则、合规工作管理细则、风险报告管理细则等部分组成，分别对风险管理体系中投资风险、合规风险、风险报告管理等具体操作规则进行进一步明确。

（三）投资项目的动态闭环风险管控机制

以风险管理制度和各项风险管理细则为依托，基金管理公司要建立项目动态闭环风险管控机制（见图3-12），以及时发现风险并有效处置，提高风险管控力度，控制各类风险。

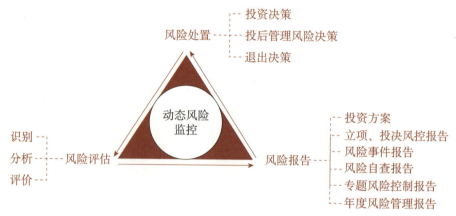

图3-12 项目动态闭环风险管控机制

项目动态闭环风险管控机制的主要环节包括以下几点：

1. 风险评估

投资团队和管理团队为投资项目风险管理的第一责任单位，要结合对投资项目多维度监控情况，根据风险发生的可能性和对项目投资管理目标的影响程度，对各项风险进行评估（风险识别、分析和评价）。

为进一步提高风险管理效率，基金管理公司按照绿色（正常）、黄色（关注）和红色（危险）建立项目风险预警体系，各投资团队和职能部门对关键风险指标进行实时跟踪，判断和预测各类风险指标的变化，分析风险发展的趋势，及时报送风险监控情况。

2. 风险报告

投资团队、管理团队依据评估结果对风险事件提出处理建议，撰写风险事件报告，提交至风控法律部门；风控法律部门收到风险事件报告后，建议召开总经理办公会会议，由总经理办公会做出风险处置安排。

投资团队、管理团队定期对投资项目风险管理情况进行总结，并形成风险自查报告，报送风控法律部门；风控法律部门接到团队提交的风险自查报告后进行汇总，并起草年度风险管理报告。

3. 风险处置

对于一般性风险，由总经理办公会决定相关团队、职能部门或人员负责组织处理，风控法律部门提供相关意见支持；对于重大风险，须由相关团队按照总经理办公会的要求出具相应风险事件报告，风控法律部门根据风险事件报告提出专业意见建议或出具相应专题风险控制报告，并提交相应机构。作为风险处置的责任主体，相关团队按照风险处置进程不定期出具及更新风险事件报告，并向风控法律部门报备。风控法律部门根据风险处置进程情况向公司相应风险控制机构进行报告。

风险处置完成后，风险处置责任主体应将风险事件报告更新至完结状态，并对具体风险事件从发生到处置完结的全流程进行总结评价，进一步完善内部风险控制措施，提高风险防范能力。

通过动态闭环风险管控机制，基金管理公司能及时发现和处置相关风险事件，有效控制其对公司的不利影响，最大限度地维护公司和受托管理基金的权益。

二、扶贫效果管理

基金设立的宗旨就是保本微利、兼顾扶贫效果和经济效益。为确保扶贫效果，基金创立了社会效益闭环管理体系，如图 3-13 所示，社会效益闭环管理体系由六个部分构成，分别是投资阶段的现场考察项目社会效益、开展社会效益尽职调查、量化社会效益指标、在投资协议中明确社会效益相关要求，以及投后管理阶段的社会效益数据采集与社会效益成效评估，从而形成"项目初步考察-尽职调查-审核决策-投后评价-完善提高"的闭环管理。

图 3 - 13　社会效益闭环管理体系

（一）现场考察项目社会效益

投资团队前期赴现场考察拟投资项目，除关注企业产品销售、经营管理、经济效益等情况外，还要根据公司社会效益管理有关要求，采取与企业的贫困员工交流，拜访地方政府尤其是扶贫部门，或是与上下游客户沟通等多种方式，深入调查、了解企业的扶贫模式和扶贫效果。

（二）开展社会效益尽职调查

在投资团队对项目进行初步考察后，应向公司提交投资建议书实施立项。立项之后，由公司选聘独立第三方开展社会效益尽职调查，发起和完成社会效益尽职调查的流程如图 3 - 14 所示。

社会效益尽职调查工作主要通过前往项目现场调研、组织员工填写问卷、访谈建档立卡贫困户和组织企业高管座谈等方式进行，在工作期间需要落实的内容如下所述。

1. 企业基本情况

包括企业简介、业务情况介绍、财务情况介绍、企业远期发展规划、

提交尽职调查申请
团队成功立项后
提交尽职调查申请和投资建议书

提供材料清单
企业按材料清单
提前准备相关材料

形成报告初稿
期限内形成报告初稿，与团队
交换意见并完成尽职调查报告

采购系统比选
采购系统中选聘
第三方尽职调查机构

前往现场调研
前往现场调研，约谈高管，
访谈贫困户、政府（扶贫办）

图 3 - 14 社会效益尽职调查流程

拟投资金额及用途等。

2. 尽职调查工作基本情况

尽职调查团队分别与企业高管（了解企业营商环境、筹融资情况、扶贫基本做法及面临的困难等）、当地政府（如具备条件，了解当地基本贫困情况及公司在当地的社会效益表现等）、当地农户（如具备条件，了解农户基本生活情况及企业进入前后生活水平的变化情况等）进行相关访谈，并了解相关信息。

3. 企业精准扶贫模式

在该部分中，尽职调查团队需要了解以下两方面内容：

一方面，了解企业在直接扶贫上的带动情况，如企业过往及未来能够在直接生产带动、就业带动、资产收益、定点帮扶和扶贫公益捐赠等方面为脱贫攻坚做出哪些贡献。

另一方面，了解企业在间接扶贫上的带动情况，如企业过往及未来能够在税收贡献、基础设施投入、生态环境保护、技术进步贡献以及行业发展贡献等方面为脱贫攻坚做出哪些贡献。

4. 精准扶贫的潜力与挑战

在该部分中，尽职调查团队需要了解以下两方面内容：

一方面，了解企业在直接扶贫、间接扶贫方面的潜力，即随着企业规模的扩大与综合实力的提升，预计基金投资后企业能够贡献的扶贫效果增量。

另一方面，了解企业现存的、可能会对未来扶贫工作的开展、扶贫效果的实现造成潜在障碍的问题，并提出相应的解决方案。

5. 扶贫成效与潜力评估

（1）三级精准扶贫指标体系。

为了满足基金投资涉及行业广的情况，公司设计了三级精准扶贫指标体系，由尽职调查团队在目标企业落实相关数据。

一级指标将企业精准扶贫成效分为总体扶贫情况、直接扶贫成效和间接扶贫成效三类指标。二级指标进一步将直接扶贫成效分为产业（就业）、教育、健康、金融、社会等不同维度的扶贫成效指标；间接扶贫成效则分为经济效益、社会影响。三级指标将直接扶贫成效指标进一步细分为产业扶贫项目类型（行业）、生产带动、就业带动、资产收益带动等，具体见表3-3。

表3-3　　　　　　　　　三级精准扶贫指标体系

指标	计量单位	数量/金额					
		投资前			预测投资后		
		2017	2018	2019	投后第一年	投后第二年	建成后第一年
一、总体扶贫情况							
1. 资金	万元						
2. 实物折款	万元						
3. 帮助脱贫人口数	人						
二、直接扶贫成效							
（一）产业（就业）扶贫							
1. 产业扶贫项目类型（行业） □农林产业扶贫 □加工制造业扶贫 □能源矿产业扶贫 □旅游扶贫 □电商扶贫 □科技扶贫 □其他（注明）							

续前表

指标	计量单位	数量/金额					
		投资前			预测投资后		
		2017	2018	2019	投后第一年	投后第二年	建成后第一年
2. 生产带动							
2.1 直接生产带动的建档立卡贫困户数	户						
2.2 免费或优惠提供的生产资料金额	万元						
2.3 技术培训或指导投入金额	万元						
2.4 技术培训或指导建档立卡贫困人次	人次						
2.5 其他							
3. 就业带动							
3.1 职业技能培训投入金额	万元						
3.2 职业技能培训建档立卡贫困人次	人次						
3.3 直接帮助建档立卡贫困户实现就业总人数	人						
3.3.1 雇用全职建档立卡贫困人口数	人						
3.3.2 雇用全职建档立卡人口总收入	万元						
3.3.3 提供非全职建档立卡贫困人口数	人						
3.4 间接带动就业建档立卡贫困人口数	人						
4. 资产收益带动							
4.1 土地流转投入总额	万元						
4.1.1 流转建档立卡贫困户土地投入总额	万元						
4.1.2 流转土地的建档立卡贫困户数	户						

续前表

指标	计量单位	数量/金额					
		投资前			预测投资后		
		2017	2018	2019	投后第一年	投后第二年	建成后第一年
4.2 资源入股分红总额	万元						
4.2.1 建档立卡贫困户资源入股分红总额	万元						
4.2.2 资源入股分红受益的建档立卡贫困户数	户						
(二)教育扶贫							
1. 资助贫困学生投入金额	万元						
2. 资助贫困学生人数	人						
3. 改善贫困地区教育资源投入金额	万元						
(三)健康扶贫							
1. 资助贫困患者就医投入金额	万元						
2. 资助贫困患者人数	人						
3. 改善贫困地区医疗资源投入金额	万元						
(四)金融扶贫							
1. 当年新增扶贫贷款金额	万元						
2. 年末扶贫贷款余额	万元						
3. 享受扶贫贷款建档立卡户数	户						
(五)社会扶贫							
1. 定点帮扶工作投入金额	万元						
2. 定点帮扶地区建档立卡贫困人口数	人						
3. 东西部扶贫协作投入金额	万元						
4. 其他扶贫公益捐赠（实物折成钱）	万元						

续前表

指标	计量单位	数量/金额					
		投资前			预测投资后		
		2017	2018	2019	投后第一年	投后第二年	建成后第一年
三、间接扶贫成效							
1. 间接带动贫困人口数	人						
1.1 其中建档立卡人数	人						
2. 间接带动贫困人口户数							
2.1 其中建档立卡户数	户						
(一)经济效益							
1. 上缴各项税费金额	万元						
2. 企业经营性基础设施建设投入金额	万元						
3. 企业开展具有推动技术进步属性的项目数	个						
(二)社会影响							
1. 扶贫工作获省部级以上荣誉奖励次数	次						
2. 扶贫工作获省部级以下地方政府荣誉奖励次数	次						
3. 扶贫工作被中央和省级媒体报道次数	次						

(2)拟投资企业扶贫成效评估。

拟投资企业扶贫成效评估是在拟投资企业反馈的表3-3的基础上，按照基金拟投资企业精准扶贫评估指标权重设置方案的要求进行评估，相应权重设置方案如表3-4所示。

表3-4　　　基金拟投资企业精准扶贫评估指标权重设置方案

一级指标	二级指标	三级指标	分值
总体扶贫情况	—	1. 资金	20（1+2）（总额大于等于500万元即满分）
	—	2. 实物折款	
	—	3. 帮助脱贫人口数	20（50人为及格）

续前表

一级指标	二级指标	三级指标	分值
直接扶贫成效	产业（就业）扶贫	1. 产业扶贫项目类型（行业） 2. 生产带动 2.1 直接生产带动的建档立卡贫困户数 2.2 免费或优惠提供的生产资料金额 2.3 技术培训或指导投入金额 2.4 技术培训或指导建档立卡贫困人次 2.5 其他 3. 就业带动 3.1 职业技能培训投入金额 3.2 职业技能培训建档立卡贫困人次 3.3 直接帮助建档立卡贫困户实现就业总人数 3.3.1 雇用全职建档立卡贫困人口数 3.3.2 雇用全职建档立卡人口总收入 3.3.3 提供非全职建档立卡贫困人口数 3.4 间接带动就业建档立卡贫困人口数 4. 资产收益带动 4.1 土地流转投入总额 4.1.1 流转建档立卡贫困户土地投入总额 4.1.2 流转土地的建档立卡贫困户数 4.2 资源入股分红总额 4.2.1 建档立卡贫困户资源入股分红总额 4.2.2 资源入股分红受益的建档立卡贫困户数	25
	教育扶贫	1. 资助贫困学生投入金额 2. 资助贫困学生人数 3. 改善贫困地区教育资源投入金额	
	健康扶贫	1. 资助贫困患者就医投入金额 2. 资助贫困患者人数 3. 改善贫困地区医疗资源投入金额	15
	金融扶贫	1. 当年新增扶贫贷款金额 2. 年末扶贫贷款余额 3. 享受扶贫贷款建档立卡户数	
	社会扶贫	1. 定点帮扶工作投入金额 2. 定点帮扶地区建档立卡贫困人口数 3. 东西部扶贫协作投入金额 4. 其他扶贫公益捐赠（实物折成钱）	

续前表

一级指标	二级指标	三级指标	分值
间接扶贫成效	—	1. 间接带动贫困人口数	10
		1.1 其中建档立卡人数	
		2. 间接带动贫困人口户数	
		2.2 其中建档立卡户数	
	经济效益	1. 上缴各项税费金额	
		2. 企业经营性基础设施建设投入金额	
		3. 企业开展具有推动技术进步属性的项目数	
	社会影响	1. 扶贫工作获省部级以上荣誉奖励次数	10
		2. 扶贫工作获省部级以下地方政府荣誉奖励次数	
		3. 扶贫工作被中央和省级媒体报道次数	

（3）拟投资企业扶贫潜力评估。

拟投资企业扶贫潜力评估是在拟投资企业基于自身企业经营现状及未来发展规划，对投资后一年、投资后两年以及生产设施建成后运行一年的社会效益和扶贫效果进行预测的基础上，按照基金拟投资企业精准扶贫评估指标权重设置方案的要求进行评估。

拟投资企业扶贫潜力评估的计算公式如下：

$$M = \frac{a-b}{b} \tag{1}$$

$$K = A \times \frac{a}{U} \tag{2}$$

$$N = H + (A-H) \times M \tag{3}$$

式中，a 为拟投资企业预测三年数据的平均值，b 为拟投资企业过往三年数据的平均值，如 $M \geqslant 1$，则该项给满分，否则进入公式（3）；A 代表该项目总分，U 为预设标准，对于有预设标准的小项，依照公式（2）计算；H 代表该项目成效评估得分，A 代表该项目总分，若 $M \leqslant 1$，则 N 即为该项目的得分。上述所有得分均取整数。

6. 调查结论及建议

尽职调查团队收集前述相关信息及数据后，进行细致和妥善的评估，并对企业扶贫效果的历史和预期给出相关的结论及建议。

（三）量化社会效益指标

项目立项阶段，投资经理需根据现场考察情况，在投资建议书中对拟投资企业的社会效益扶贫带动模式进行初步判断，为项目立项提供依据。项目投决阶段，根据社会效益尽职调查结果，投资团队在投资方案中对拟投资企业的社会效益初步判断进行细化，为投资决策提供依据。投资建议书和投资方案的社会效益模板如下所述。

1. 企业带贫模式

根据拟投资企业实际考察情况，需在此部分对企业的扶贫带动模式及具体方式进行总结性描述。具体带动方式包括但不限于以下：

（1）直接带贫模式。

产业扶贫（生产带动、就业带动、资产收益带动）、教育扶贫、健康扶贫、金融扶贫（信贷）、社会扶贫（定点帮扶、东西部协作、扶贫公益捐赠）和其他直接带贫方式。

（2）间接带贫模式。

贡献地方税收（贫困地区、非贫困地区）、水电路气信等经营性基础设施建设、资本带动（社会资本、银行贷款）、上下游产业链带动（原材料购买、物流运输、仓储、包装设计、技术支持、产品加工、销售服务）和其他间接带贫方式。

2. 社会效益指标分析

根据拟投资企业现场考察情况，结合社会效益采集指标体系，将拟投资企业的实际及预测数据填入表格。此部分在进行社会效益尽职调查后，对不准确数据进行调整，作为投资决策依据，并作为后期社会效益评估及社会效益指标采集的参照基础。

（1）提供就业及收入情况。

企业实际发生和预测投资后带动就业人数、全职工和临时工贫困户就业人数以及工资收入水平。

（2）贡献税收情况。

企业实际发生和预测投资后向地方及贫困地区贡献税收金额。

（3）扶贫公益投入情况。

企业实际发生和预测投资后用于社会公益事业的捐赠、对贫困户群体生产材料的赠送和用于贫困群体的技术培训投入。

（4）区域发展带动情况。

企业实际发生和预测投资后用于环保的投入、水电路气信等基础设施建设的投入和上下游产业链的带动情况（原材料购买、物流运输、仓储、包装设计、产品加工、销售服务等）。

表3-5和表3-6是投资建议书及投资方案可以使用的社会效益指标及相关的指标说明，其中一级指标2个，二级指标6个，三级及细分指标共14个。

表3-5　　　　　　　　　　社会效益指标

一级指标	二级指标	三级指标	单位	投资前（基准数）	投资后（预测数）
直接扶贫成效	1. 就业带动	1.1 提供就业人数*	人		
		1.1.1 提供贫困户就业人数*	人		
		1.2 提供就业总工资性收入*	万元		
		1.2.1 提供贫困户的总工资性收入*	万元		
	2. 资产收益带动	2.1 土地流转投入总金额	万元		
		2.1.1 流转贫困户土地的投入金额	万元		
	3. 社会扶贫	3.1 扶贫捐赠金额	万元		
间接扶贫成效	1. 税收带动	1.1 上缴各项税费总金额*	万元		
		1.1.1 贫困地区上缴各项税费金额	万元		
	2. 基础设施带动	2.1 水电路气信等基础设施建设投入金额（非固定资产投入）	万元		
	3. 上下游产业链带动	3.1 上下游产业带动投入金额	万元		
		3.1.1 购买原材料的投入	万元		
		3.2.1 物流运输的投入	万元		
		3.3.1 其他投入	万元		

*为必填项，其余为加分项。下同。

注：基准数指投资前企业各项指标的数值，数据采集以投资前一完整年度实际完成数据为基准。例如，2020年4月完成投资的项目，则其社会效益基准数采集2019年度数据即可。预测数指投资后投资期限内，各项指标应不低于目标数值，数值可为累积值。例如，投资前2019年就业人数的基准数为50人，投资年限为3年，就业人数的预测数为55人，则要求所投企业须在2022年投资结束之前带动就业人数不少于55人。

表 3 - 6 社会效益指标说明

一级指标	二级指标	三级指标	指标说明
直接扶贫成效	1. 就业带动	1.1 提供就业人数*	指本企业及其子公司提供全职工和临时工就业的总人数
		1.1.1 提供贫困户就业人数*	指 1.1 中建档立卡贫困人口的数量
		1.2 提供就业总工资性收入*	指为 1.1 支付的工资年度总额
		1.2.1 提供贫困户的总工资性收入*	指为 1.1.1 支付的工资年度总额
	2. 资产收益带动	2.1 土地流转投入总金额	指年度期间本企业及其子公司为流转农村土地支付的总金额。土地流转金额预测值＝流转亩数×均价×年度，其中年度指的是投资的年限。例如，投资后每年流转土地费用为 30 万元，投资期限为 3 年，则土地流转投入金额的目标值为 90 万元
		2.1.1 流转贫困户土地的投入金额	2.1 中流转建档立卡贫困户的土地的投入
	3. 社会扶贫	3.1 扶贫捐赠金额	指企业及其子公司年度内用于资助公益事业的支出（实物折现）
间接扶贫成效	1. 税收带动	1.1 上缴各项税费总金额*	指年度期间本企业及其子公司上缴的各项税收、政府性基金和费用的总金额。税收预测值＝年均税收×年度，其中年度指的是投资的年限。例如，投资后每年纳税 100 万元，投资期限为 3 年，则纳税目标值为 300 万元
	2. 基础设施带动	2.1 水电路气信等基础设施建设投入金额（非固定资产投入）	指年度期间本企业出于生产经营需要直接投资建设的农村基础设施，如到生产基地的道路、灌溉排水设施、厂房、通信设施建设等的总投资金额
	3. 上下游产业链带动	3.1 上下游产业带动投入金额	指 3.1、3.2 和 3.3 的总额
		3.1.1 购买原材料的投入	指本年度本企业及其子公司购买生产原材料的投入
		3.2.1 物流运输的投入	指本年度本企业及其子公司用于产品等方面运输物流的投入
		3.3.1 其他投入	指本企业及其子公司在产业链其他方面的投入，例如，环保投入、包装设计、仓储、产品加工、销售服务等

（四）投资协议明确有关要求

为了保证资金真正用于贫困地区，不发生挪用挤占现象，基金管理公司严格要求投资企业的资金用途和投向，并且在投资协议中予以明确。对于个别直接扶贫效果不是非常显著的行业或企业，要求企业通过向贫困地区捐赠资金、采购原材料等方式实现扶贫，并且在协议中予以明确或以函件形式予以承诺。具体来说，项目投资建议书的部分社会效益指标需在投资协议中予以明确约定，具体如下所述。

1. 投资协议中进行约定的社会效益指标

投资协议中，主要以投资前一完整年度实际完成数据为基准，对基金投资期间的就业人数（争取为建档立卡户就业人数）、提供工资收入（新就业员工的工资收入或已就业员工的工资收入等）、贡献税收（争取为在贫困地区贡献税收等）等指标进行明确约定。上述指标的计算口径可以为投资期间年度数据增加额之和或投资后任意年度较基准年度的增加额。

2. 投资协议中对个别投资项目进行约定的社会效益指标

若投资企业扶贫模式较为新颖或间接扶贫成效较为显著，可根据企业实际，在投资协议中对企业带动社会资本、扶贫公益投入、区域带动发展（环保投入、水电路气信等基础设施建设投入、原材料的采购、物流运输、包装设计、仓储、产品加工、销售服务等）等方面的社会效益指标进行约定。

（五）定期采集社会效益数据

基金管理公司按照年度从投资企业采集社会效益数据。为了确保采集数据的真实、可靠，基金管理公司要求投资企业通过公司扶贫数据平台上传数据和材料，同时报送经当地扶贫有关部门审核并加盖部门章的纸质材料，便于基金管理公司及时、准确地了解投资企业关于精准扶贫方面的有关情况。在采集完整数据后，基金管理公司对上报数据开展统计分析。投后项目经理于每个自然年第一季度开始，向投资企业或项目（包含子基金投资项目）发送正式书面通知，督促投资企业在收到正式通知后开始收集、整理扶贫效果数据和材料。投资企业于当年 3 月末前，完成扶贫效果数据报送工作。

在采集完整数据后，基金管理公司于每自然年 4 月末前，对报送数据进行多维度统计分析，并出具扶贫效果数据报告。相关的数据采集表见表 3-7、表 3-8 和表 3-9。

表 3-7　　　　　　　　　　直接扶贫模式数据采集表

指标	单位	指标数（企业填写）	指标说明
1. 就业带动			
1.1 全职就业总人数*	人		指自然年度期间本企业直接雇用、与企业签订过正式劳动用工（或派遣）合同的全职员工总人数
1.1.1 在贫困地区的就业人数	人		指总公司或贫困地区的子公司带动的全职就业人口数
1.1.1.1 建档立卡贫困人口数	人		指 1.1 中建档立卡贫困人口数
1.1.2 在非贫困地区的就业人数	人		指总公司或非贫困地区的子公司带动的全职就业人口数
1.1.2.1 建档立卡贫困人口数	人		指 1.1.2 中建档立卡贫困人口数
1.2 全职就业工资总额*	万元		指 1.1 中总人数的自然年度期间总工资收入
1.2.1 贫困地区全职就业工资总额	万元		指 1.2 中贫困地区人口的自然年度期间总工资收入
1.2.1.1 建档立卡贫困户工资总额	万元		指 1.2.1 中建档立卡贫困人口的自然年度期间总工资收入
1.2.2 非贫困地区全职就业工资总额	万元		指 1.2 中非贫困地区人口的自然年度期间总工资收入
1.2.2.1 建档立卡贫困户工资总额	万元		指 1.2.2 中建档立卡贫困人口的自然年度期间总工资收入
1.3 临时工总人数	人		指自然年度期间与本企业没有签订正式劳动用工合同，属于企业临时性或季节性雇用（通常按日工资结算）的总人数

续前表

指标	单位	指标数 （企业填写）	指标说明
1.3.1 在贫困地区临时工总人数	人		指 1.3 中贫困地区的临时工总人数
1.3.1.1 建档立卡贫困户人数	人		指 1.3.1 中建档立卡贫困人口数
1.3.2 在非贫困地区临时工总人数	人		指 1.3 中非贫困地区的临时工总人数
1.3.2.1 建档立卡贫困户人数	人		指 1.3.2 中建档立卡贫困人口数
1.4 临时工工资总额	万元		指 1.3 中总人数的自然年度总工资收入
1.4.1 贫困地区临时工工资总额	万元		指 1.3.1 中总公司或贫困地区子公司临时就业人数的自然年度期间总工资收入
1.4.1.1 建档立卡贫困户工资总额	万元		指 1.3.1.1 中建档立卡临时工的自然年度期间总工资收入
1.4.2 非贫困地区临时工工资总额	万元		指 1.3.2 中临时工工资总额
1.4.2.1 建档立卡贫困户工资总额	万元		指 1.3.2.1 中建档立卡贫困户工资总额
2. 资产收益带动			
2.1 土地流转投入总额	万元		指自然年度期间本企业为流转农村土地经营权实际支付的总金额
2.1.1 流转建档立卡贫困户土地投入总额	万元		指自然年度期间本企业因转入建档立卡贫困户的土地而实际支付的资金总额，即 2.1 中支付给建档立卡贫困户的土地流转金
2.1.2 流转建档立卡贫困户的土地面积	亩		指自然年度期间本企业转入建档立卡贫困户的土地总面积
2.1.3 流转土地的建档立卡贫困农户数	户		指自然年度期间本企业转入的土地来自拥有承包权的建档立卡贫困户数量

续前表

指标	单位	指标数 （企业填写）	指标说明
3. 扶贫公益投入金额（实物折成钱）	万元		指自然年度期间本企业扶贫公益投入总金额（含捐赠实物折成钱），包括三部分：一是用于公益事业的捐赠。二是生产材料的赠送，例如，农作物种子、农药、化肥、种畜禽、牧草种子、食用菌菌种、农机等农业投入品，以及小型机械、零配件等工业投入品。三是免费的技术培训与指导，收费的技术培训与指导等费用投入，例如，专家费、场地费等

表 3-8　　　　　　　　　间接扶贫模式数据采集表

指标	单位	指标数 （企业填写）	指标说明
（一）资本、税收与基建			
1. 基金投资后新增资本总额	万元		指自然年度期间由于产业基金的投资行为吸引了其他社会资本投资本企业的总金额
1.1 基金投资后本企业获得的新增银行贷款	万元		指产业基金投资后，自然年度期间比投资前从各类金融机构获得的贷款的增加额
1.2 基金投资后跟投本企业的社会资本	万元		指产业基金投资后，自然年度期间投资本企业的民间投资金额
2. 上缴各项税费金额*	万元		指自然年度期间本企业及其子公司上缴的各项税的总金额
2.1 在贫困地区缴纳的税收金额	万元		指 2 中贫困地区子公司缴纳的税额
3. 水电路气信等基础设施建设投入金额（非固定资产投入）	万元		指自然年度期间本企业出于生产经营需要直接投资建设的农村基础设施，如到生产基地的道路、灌溉排水设施、厂房、通信设施建设等的总投资金额

续前表

指标	单位	指标数 （企业填写）	指标说明
（二）带动上下游产业发展情况			指企业产业链上对合作公司的带动情况，不包括集团子公司
1. 提供原材料的公司			指提供种植业的种子和化肥，畜牧、渔业的幼仔、鱼苗，化工加工用的原材料，农副食品加工业的食品原料的公司
1.1 上缴各项税费金额	万元		指自然年度期间相关企业上缴的各项税、政府性基金和费用的总金额
1.2 带动全职就业的人口数	人		指自然年度期间相关企业直接雇用、与企业签订过正式劳动用工（或派遣）合同的全职员工总人数
1.2.1 建档立卡人口数	人		指 1.2 中建档立卡的人口数
1.3 带动贫困地区临时工人数	人		指自然年度期间与相关企业没有签订正式劳动用工合同，属于企业临时性或季节性雇用（通常按日工资结算）的总人数
1.3.1 建档立卡人口数	人		指 1.3 中建档立卡的人口数
2. 提供物流运输的公司			指为相关企业产品、原材料等提供运输的公司
2.1 上缴各项税费金额	万元		指自然年度期间相关企业上缴的各项税、政府性基金和费用的总金额
2.2 带动全职就业的人口数	人		指自然年度期间相关企业直接雇用、与企业签订过正式劳动用工（或派遣）合同的全职员工总人数
2.2.1 建档立卡人口数	人		指 2.2 中建档立卡的人口数
2.3 带动贫困地区临时工人数	人		指自然年度期间与相关企业没有签订正式劳动用工合同，属于企业临时性或季节性雇用（通常按日工资结算）的总人数

续前表

指标	单位	指标数 （企业填写）	指标说明
2.3.1 建档立卡人口数	人		指 2.3 中建档立卡的人口数
3. 提供包装设计的公司			指为本公司提供产品外观包装的公司
3.1 上缴各项税费金额	万元		指自然年度期间相关企业上缴的各项税、政府性基金和费用的总金额
3.2 带动全职就业的人口数	人		指自然年度期间相关企业直接雇用、与企业签订过正式劳动用工（或派遣）合同的全职员工总人数
3.2.1 建档立卡人口数	人		指 3.2 中建档立卡的人口数
3.3 带动贫困地区临时工人数	人		指自然年度期间与相关企业没有签订正式劳动用工合同，属于企业临时性或季节性雇用（通常按日工资结算）的总人数
3.3.1 建档立卡人口数	人		指 3.3 中建档立卡的人口数
4. 提供仓储的公司			指为本公司物品的储藏、保鲜提供服务的公司。例如，猪肉的冷藏、蔬菜的保鲜、化工原料的储存等
4.1 上缴各项税费金额	万元		指自然年度期间相关企业上缴的各项税、政府性基金和费用的总金额
4.2 带动全职就业的人口数	人		指自然年度期间相关企业直接雇用、与企业签订过正式劳动用工（或派遣）合同的全职员工总人数
4.2.1 建档立卡人口数	人		指 4.2 中建档立卡的人口数
4.3 带动贫困地区临时工人数	人		指自然年度期间与相关企业没有签订正式劳动用工合同，属于企业临时性或季节性雇用（通常按日工资结算）的总人数
4.3.1 建档立卡人口数	人		指 4.3 中建档立卡的人口数

续前表

指标	单位	指标数 （企业填写）	指标说明
5. 提供技术支持的公司			指为本公司提供技术服务的公司。例如，养殖业的防疫，种植业的种子研发等
5.1 上缴各项税费金额	万元		指自然年度期间相关企业上缴的各项税、政府性基金和费用的总金额
5.2 带动全职就业的人口数	人		指自然年度期间相关企业直接雇用、与企业签订过正式劳动用工（或派遣）合同的全职员工总人数
5.2.1 建档立卡人口数	人		指5.2中建档立卡的人口数
5.3 带动贫困地区临时工人数	人		指自然年度期间与相关企业没有签订正式劳动用工合同，属于企业临时性或季节性雇用（通常按日工资结算）的总人数
5.3.1 建档立卡人口数	人		指5.3中建档立卡的人口数
6. 提供产品加工的公司			指为本公司产品进行初加工或者深加工的公司。例如，种植业中茶叶初步的烘干、水果类的果汁榨取、牲畜的屠宰等
6.1 上缴各项税费金额	万元		指自然年度期间相关企业上缴的各项税、政府性基金和费用的总金额
6.2 带动全职就业的人口数	人		指自然年度期间相关企业直接雇用、与企业签订过正式劳动用工（或派遣）合同的全职员工总人数
6.2.1 建档立卡人口数	人		指6.2中建档立卡的人口数
6.3 带动贫困地区临时工人数	人		指自然年度期间与相关企业没有签订正式劳动用工合同，属于企业临时性或季节性雇用（通常按日工资结算）的总人数
6.3.1 建档立卡人口数	人		指6.3中建档立卡的人口数

续前表

指标	单位	指标数（企业填写）	指标说明
7. 提供销售服务的公司			指销售本公司产品的企业，例如，零售商、合作社、电商渠道
7.1 上缴各项税费金额	万元		指自然年度期间相关企业上缴的各项税、政府性基金和费用的总金额
7.2 带动全职就业的人口数	人		指自然年度期间相关企业直接雇用、与企业签订过正式劳动用工（或派遣）合同的全职员工总人数
7.2.1 建档立卡的人口数	人		指 7.2 中建档立卡的人口数
7.3 带动贫困地区临时工人数	人		指自然年度期间与相关企业没有签订正式劳动用工合同，属于企业临时性或季节性雇用（通常按日工资结算）的总人数
7.3.1 建档立卡人口数	人		指 7.3 中建档立卡的人口数

表 3 - 9 建档立卡贫困户数据采集表

指标	单位	当年数量	累计数量（基金投资后）	指标说明
1. 该企业直接帮扶的建档立卡贫困户数	户			指企业直接通过各种方式帮助、扶持和雇用过的建档立卡贫困户总户数
2. 该企业直接帮扶的建档立卡贫困人口数	人			指企业直接通过各种方式帮助、扶持和雇用过的建档立卡贫困人口总数（含脱贫人口数）
3. 该企业直接帮扶的建档立卡贫困户脱贫户数	户			指企业直接通过各种方式帮助、扶持和雇用过的建档立卡贫困户脱贫总户数
4. 该企业直接帮扶的建档立卡贫困人口脱贫总数	人			指企业直接通过各种方式帮助、扶持和雇用过的建档立卡贫困人口脱贫总数

（六）开展社会效益评估

为全面、客观、准确反映基金投资企业的社会效益，引导投资企业建立精准扶贫长效机制，提升基金助力产业扶贫效果，基金对投资拨付满一年的项目进行社会效益评估工作。发起和完成社会效益评估工作的流程如图 3-15 所示。

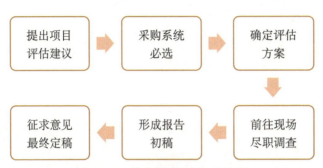

图 3-15　社会效益评估工作流程

在社会效益评估过程中，需要重点落实的内容如下所述。

1. 投资企业产业扶贫模式分析

投资企业对贫困农户收入的影响是多方面的，评估团队依据基金投资企业带动贫困户增加收入来源（家庭经营性收入、工资性收入、财产性收入、转移性收入）的不同，同时结合实地走访的基金投资企业实际情况，将投资企业产业扶贫主要模式总结为直接扶贫模式和间接扶贫模式，直接扶贫模式又细分为直接生产带动、就业带动、资产收益带动、定点帮扶和扶贫公益捐赠，间接扶贫模式又细分为税费贡献、基础设施投入、促进地区行业发展等，并简要分析不同模式下贫困户的收益机制。

2. 投资企业精准扶贫成效分析与对比

（1）建立三级评估指标体系。

在对投资企业扶贫效果进行定性评估后，还需要通过三级评估指标体系对投资企业投后的扶贫效果进行定量评估。三级评估指标体系包括：总体扶贫、直接扶贫、间接扶贫三项一级指标，帮助建档立卡贫困户数等十项二级指标，产品收购流动资金、提供技术指导和培训投入、全职就业贫困人口数、全职就业贫困人口总工资、流转土地贫困户户数、扶贫公益捐赠、上缴各项税费等 23 项细分三级指标，并按行业赋予三级指标不同权重，具体见表 3-10。其中涉及的全职就业贫困人口总工资的评价公式为：

$$\frac{全职就业贫困人口总工资}{全职就业贫困人口数}$$

非全职就业贫困人口总工资的评价公式为：

$$\frac{非全职就业贫困人口总工资}{非全职就业贫困人口数}$$

流转贫困户土地面积的评价公式为：

$$\frac{流转贫困户土地投入}{流转贫困户土地面积}$$

除此之外，其余指标采用每百万元投资所带来的扶贫效果来反映基金投资的扶贫效率：

$$\frac{各三级指标参数}{基金累计投资金额}$$

表 3-10   基金投资企业精准扶贫效果评估指标体系

一级指标	二级指标	三级指标
总体扶贫	帮助建档立卡贫困户数	
	帮助建档立卡贫困人口数	
	帮助建档立卡贫困人口脱贫数	
直接扶贫	生产带动	产品收购流动资金投放总额
		免费提供生产资料金额
		提供技术指导和培训投入金额
		参加技术指导和培训贫困人口数
		参加技术指导和培训非贫困人口数
	就业带动	全职就业总人数
		全职就业贫困人口数
		全职就业总工资
		全职就业贫困人口总工资
		非全职就业总人数
		非全职就业贫困人口数
		非全职就业总工资
		非全职就业贫困人口总工资

续前表

一级指标	二级指标	三级指标
直接扶贫	资产收益带动	土地流转投入总金额
		流转贫困户土地投入总额
		流转贫困户土地面积
		流转土地贫困户户数
	社会扶贫	定点帮扶村个数
		定点村贫困人口数
		扶贫公益捐赠（实物折款）
间接扶贫	基金投资后新增投资	基金投资后新增投资总额
		基金投资后本企业获得的新增银行贷款
		基金投资后跟投本企业的社会资本
	上缴税费	上缴各项税费金额
	经营性基础设施投入	经营性基础设施建设投入金额

（2）采集数据信息。

1）数据收集方法。

上述体系涉及的精准扶贫效果评估指标都属于企业自主收集的指标，其中建档立卡信息需要政府部门协助提供。指标收集采用问卷调查、专家咨询、实地调查、座谈会等方法。

2）数据收集步骤。

表3-11和表3-12是直接扶贫指标和间接扶贫指标相关数据的收集步骤。

表3-11   基金投资企业精准扶贫效果评估直接扶贫指标收集步骤

指标	指标收集步骤	指标评价（公式）
1.1产品收购流动资金投放总额	查看财务报表，统计指标1.1结果	指标1.1 基金累计投资金额 根据当年收集的所有投资企业该公式数据表现进行相对排序，同等份分成优、良、中、差四组

续前表

指标	指标收集步骤	指标评价（公式）
1.2 免费提供生产资料金额	步骤一：根据企业免费发放生产资料记录或者农户免费领取生产资料记录，确定提供的生产资料的具体名称、数量、价格等，需财务部门购置生产资料支出账单作为辅助材料 步骤二：统计免费提供生产资料总金额，即指标1.2结果	$\dfrac{指标1.2}{基金累计投资金额}$ 根据当年收集的所有投资企业该公式数据表现进行相对排序，同等份分成优、良、中、差四组
1.3 提供技术指导和培训投入金额	步骤一：根据技术指导和培训记录，确定每次技术指导和培训的时间、参加人员、支出等，需财务部门相关支出账单和参加指导和培训的农户签字（含姓名、身份证号等信息）作为辅助材料 步骤二：统计技术指导和培训投入总金额，即指标1.3结果	$\dfrac{指标1.3}{基金累计投资金额}$ 根据当年收集的所有投资企业该公式数据表现进行相对排序，同等份分成优、良、中、差四组
1.4 参加技术指导和培训贫困人口数	步骤一：根据技术指导和培训签到表等材料确定参加技术指导和培训的所有农户名单（含姓名、身份证号等信息） 步骤二：协调生产经营区域（县级）扶贫部门，从所有农户名单（含姓名、身份证号等信息）中筛选出贫困人口名单（含脱贫人口） 步骤三：统计贫困人口人次即指标1.4结果	$\dfrac{指标1.4}{基金累计投资金额}$ 根据当年收集的所有投资企业该公式数据表现进行相对排序，同等份分成优、良、中、差四组
1.5 参加技术指导和培训非贫困人口数	参加技术指导和培训的所有农户名单中，去除贫困人口人次即为指标1.5结果	$\dfrac{指标1.5}{基金累计投资金额}$ 根据当年收集的所有投资企业该公式数据表现进行相对排序，同等份分成优、良、中、差四组

续前表

指标	指标收集步骤	指标评价（公式）
2.1 全职就业总人数	查看劳动用工（派遣）合同等材料，统计指标2.1结果	$\dfrac{指标2.1}{基金累计投资金额}$ 根据当年收集的所有投资企业该公式数据表现进行相对排序，同等份分成优、良、中、差四组
2.1.1 雇用全职就业贫困人口数	步骤一：根据劳动用工（派遣）合同，统计所有全职就业员工姓名、身份证号等信息 步骤二：协调生产经营区域（县级）扶贫部门，从所有全职就业员工中筛选出贫困人口名单（含脱贫人口） 步骤三：统计贫困员工数即指标2.1.1结果	$\dfrac{指标2.1.1}{基金累计投资金额}$ 根据当年收集的所有投资企业该公式数据表现进行相对排序，同等份分成优、良、中、差四组
2.2 全职就业总工资	步骤一：财务部门查看所有全职员工的工资单 步骤二：统计所有全职员工的总工资收入即指标2.2结果	$\dfrac{指标2.2}{基金累计投资金额}$ 根据当年收集的所有投资企业该公式数据表现进行相对排序，同等份分成优、良、中、差四组
2.2.1 雇用全职就业贫困人口总工资	步骤一：财务部门查看所有全职贫困员工的工资单 步骤二：统计所有全职贫困员工的总工资收入即指标2.1.2结果	全职就业贫困人口平均工资收入≥1万元为优，0.7万元～1万元为良，0.3万元～0.7万元为中，≤0.3万元为差
2.3 非全职就业总人数	步骤一：根据用工记录表等材料，统计所有非全职就业名单（含姓名、身份证号等信息） 步骤二：统计总人数即指标2.3结果	$\dfrac{指标2.3}{基金累计投资金额}$ 根据当年收集的所有投资企业该公式数据表现进行相对排序，同等份分成优、良、中、差四组

续前表

指标	指标收集步骤	指标评价（公式）
2.3.1 雇用非全职就业贫困人口数	步骤一：协调生产经营区域（县级）扶贫部门，从所有非全职就业员工中筛选出贫困人口名单（含脱贫人口） 步骤二：统计贫困员工数即指标2.3.1结果	$$\frac{指标2.3.1}{基金累计投资金额}$$ 根据当年收集的所有投资企业该公式数据表现进行相对排序，同等份分成优、良、中、差四组
2.4 非全职就业总工资	步骤一：财务部门查看所有非全职员工的工资单、报酬领取表等材料 步骤二：统计所有非全职员工的总工资收入即指标2.4结果	$$\frac{指标2.4}{基金累计投资金额}$$ 根据当年收集的所有投资企业该公式数据表现进行相对排序，同等份分成优、良、中、差四组
2.4.1 雇用非全职就业贫困人口总工资	步骤一：财务部门查看所有非全职贫困员工的工资单、报酬领取表等材料 步骤二：统计所有非全职贫困员工的总工资收入即指标2.4.1结果	非全职就业贫困人口平均工资收入≥1万元为优，0.7万元～1万元为良，0.3万元～0.7万元为中，≤0.3万元为差
3.1 土地流转投入总金额	财务部门查看财务报告，统计土地流转投入总金额	$$\frac{指标3.1}{基金累计投资金额}$$ 根据当年收集的所有投资企业该公式数据表现进行相对排序，同等份分成优、良、中、差四组
3.1.1 流转贫困户土地投入总额	步骤一：根据土地流转合同等材料确定流转土地的所有农户名单（含姓名、身份证号等信息） 步骤二：协调企业主要生产经营地区（县级）扶贫部门，从所有农户名单中筛选出贫困户（含脱贫户） 步骤三：根据筛选出的贫困户名单，调出贫困户土地流转支出账单，统计指标3.1.1结果	$$\frac{指标3.1.1}{基金累计投资金额}$$ 根据当年收集的所有投资企业该公式数据表现进行相对排序，同等份分成优、良、中、差四组

续前表

指标	指标收集步骤	指标评价（公式）
3.1.2 流转贫困户土地面积	承指标 3.1.1 步骤三，根据筛选出的贫困户名单，调出贫困户土地流转合同，统计指标 3.1.2 结果	指标 3.1.1 指标 3.1.2 贫困户亩均土地流转收入≥0.1 万元为优，0.08 万元～0.1 万元为良，0.05 万元～0.08 万元为中，≤0.05 万元为差
3.1.3 流转土地贫困户户数	承指标 3.1.1 步骤三，根据筛选出的贫困户名单，统计指标 3.1.3 结果	指标 3.1.3 基金累计投资金额 根据当年收集的所有投资企业该公式数据表现进行相对排序，同等份分成优、良、中、差四组
4.1 定点帮扶村个数	查看定点帮扶文件（或与政府签订的帮扶协议）	指标 4.1 基金累计投资金额 根据当年收集的所有投资企业该公式数据表现进行相对排序，同等份分成优、良、中、差四组
4.2 定点村贫困人口数	步骤一：协调定点村两委提供贫困人口名单（含姓名、身份证号等信息） 步骤二：定点村建档立卡贫困人口名单交由定点村所属县级扶贫部门审核 步骤三：县级扶贫部门审核的贫困人口数即为指标 4.2 结果	指标 4.2 基金累计投资金额 根据当年收集的所有投资企业该公式数据表现进行相对排序，同等份分成优、良、中、差四组
5. 扶贫公益捐赠（实物折款）	步骤一：查看公益捐赠新闻、文件、回执等材料，确定自然年度捐赠详情 步骤二：实物捐赠按照当时价格折算成人民币，加总所有捐赠即为指标 5 结果	指标 5 基金累计投资金额 根据当年收集的所有投资企业该公式数据表现进行相对排序，同等份分成优、良、中、差四组

表 3 - 12　　　基金投资企业精准扶贫效果评估间接扶贫指标收集步骤

指标	指标收集	指标评价（公式）
6. 基金投资后新增投资总额	步骤一：查找自然年度期间基金投资之后的所有投资协议、贷款协议等 步骤二：统计其他资本投资总额即指标 6 结果	$\dfrac{\text{指标 6}}{\text{基金累计投资金额}}$ 根据当年收集的所有投资企业该公式数据表现进行相对排序，同等份分成优、良、中、差四组
6.1 基金投资后本企业获得的新增银行贷款	筛选出指标 6 中的银行贷款	—
6.2 基金投资后跟投本企业的社会资本	筛选出指标 6 中的其他投资	—
7. 上缴各项税费金额	财务部门查看纳税凭证	$\dfrac{\text{指标 7}}{\text{基金累计投资金额}}$ 根据当年收集的所有投资企业该公式数据表现进行相对排序，同等份分成优、良、中、差四组
8. 经营性基础设施建设投入金额	财务部门查看财务报表，统计指标 8 结果	$\dfrac{\text{指标 8}}{\text{基金累计投资金额}}$ 根据当年收集的所有投资企业该公式数据表现进行相对排序，同等份分成优、良、中、差四组

（3）扶贫效果评估。

1）指标设置。

根据产业扶贫基金投资状况及基金投资企业实际经营情况，本评估指标体系将投资企业归类为服务业、旅游业、加工制造业、能源矿产业和农业五大行业。同时，根据不同行业的扶贫工作特点，对不同行业的指标权重进行差异化赋分（见表 3 - 13）。权重赋分主要采用专家咨询法，并结合观测值离散程度确定。

表 3-13 　　　　　　　　　　分行业权重设置方案

指标	服务业	旅游业	加工制造业	能源矿产业	农业
产品收购流动资金投放总额	2%	2%	2%	—	3%
免费提供生产资料金额	2%	2%	2%	—	3%
提供技术指导和培训投入金额	2%	2%	2%	—	3%
参加技术指导和培训贫困人口数	2%	2%	2%	—	3%
参加技术指导和培训非贫困人口数	2%	2%	3%	—	3%
全职就业总人数	5%	3%	5%	5%	4%
全职就业贫困人口数	3%	4%	7%	5%	5%
全职就业总工资	5%	3%	5%	5%	4%
全职就业贫困人口总工资	3%	3%	7%	5%	5%
非全职就业总人数	5%	5%	3%	—	5%
非全职就业贫困人口数	5%	3%	3%	—	5%
非全职就业总工资	3%	5%	3%	—	5%
非全职就业贫困人口总工资	5%	4%	3%	—	5%
土地流转投入总金额	4%	4%	2%	—	4%
流转贫困户土地投入金额	4%	6%	2%	—	5%
流转贫困户土地面积	4%	4%	2%	—	5%
流转土地贫困户户数	4%	6%	2%	—	5%
定点帮扶村个数	5%	6%	5%	5%	2%
定点村贫困人口数	5%	6%	5%	5%	2%
扶贫公益捐赠（实物折款）	5%	4%	4%	—	2%
基金投资后新增投资总额	10%	4%	4%	10%	2%
上缴各项税费金额	10%	10%	20%	35%	10%
经营性基础设施建设投入金额	5%	10%	10%	25%	10%
合计	100%	100%	100%	100%	100%

2）指标计算。

本评价指标体系采用"标准得分"评估基金投资企业精准扶贫成效，即将每一个分数都转换成标准分数，那么每一个标准分数会以标准差为单位表示一个具体分数到平均数的距离或离差。将成正态分布的基金投资企业精准扶贫成效数据中的原始分数转换为标准分数，我们就可以通过查阅标准分数在正态曲线下面积的表格来得知平均数与标准分数之间的面积，进而得知原始分数在数据集合中的百分等级。

3）指标评价。

评价体系将标准得分根据每个分数距离平均数的相对标准距离来进行行业评级，即超过平均数 1 个标准差以上为优，超过平均数 1 个标准差以内为良，低于平均数 1 个标准差以内为中，低于平均数 1 个标准差以上为差。

基于上述体系，评估团队需对项目扶贫效果进行全面核实，按照指标体系对精准扶贫成效进行客观评价，提出提高产业扶贫成效的有关建议，并出具社会效益评估报告。在进行单个项目的精准扶贫成效分析后，评估团队可将多个项目的精准扶贫量化指标放在一起对比，以更加深入地理解不同行业、不同企业在扶贫效果上的差异与不同。

3. 了解投资企业在产业基金扶贫中遇到的困难，提出建议并形成报告

在投后社会效益评估过程当中，通过访谈、现场调研等方式了解投资企业在产业基金扶贫中遇到的困难，并提出相应的解决方案。例如，在政策层面寻求支持、在基金层面优化投资定位和投后管理、在企业层面持续完善精准扶贫模式。在充分交流意见的基础上，最终定稿形成评估报告。

第三节　产业基金扶贫基础管理

基础管理是产业基金扶贫运营管理、目标管理的重要保障，产业基金扶贫基础管理主要包括党的建设、人力资源管理、企业文化建设、信息化建设和品牌建设五个部分内容。

一、党的建设

习近平总书记强调：坚持党的领导、加强党的建设，是我国国有企业的光荣传统，是国有企业的"根"和"魂"，是我国国有企业的独特优势。

基金管理公司要始终把党建工作放到重要位置，将党建工作融入企业中心工作，创造更大价值，以党建工作落地保障企业改革发展目标的实现，总结探索符合产业基金扶贫工作实际的党建工作模式，为党建工作助力基金投资、产业扶贫提供生动实践。

（一）推进全面从严治党

基金管理公司要始终坚持党的领导、加强党的建设，坚决贯彻"党要管党，从严治党"的理念，坚持改革发展与加强党建同步推进，坚持加强党的领导和完善公司治理有机统一，推动产业基金扶贫工作快速发展，以一流党建引领保障一流企业建设。

1. 政治引领，全面落实党建责任

基金管理公司党组织要主动适应全面从严治党新常态，主动融入企业经营中心任务，坚持把党的建设更加紧密地融入企业转型发展工作中，充分发挥党组织在企业改革、发展、转型过程中把方向、管大局、保落实的政治核心和领导核心作用。

（1）突出政治定位，引领改革发展。

积极推动将党建工作总体要求写入公司章程，明确党组织在公司法人治理结构中的法定地位，使党组织发挥组织化、制度化、具体化作用。坚持党管干部原则与董事会依法选择经营管理者、经营管理者依法行使用人权相结合，积极探索有效实现形式。明确党组织讨论研究"三重一大"的前置程序，明晰党组织、董事会、监事会、管理层等治理结构的权责边界，保证党组织有序参与企业决策。为加强党组织对企业改革发展重点工作的全面领导，围绕重点改革发展任务，成立以党组织负责人或成员牵头的专项领导小组，对各项重点工作进行研究部署和跟踪督办。

（2）压实政治责任，强化履职担当。

党组织要切实担负起全面从严治党主体责任，党组织书记要认真履行第一责任人的职责，党员领导干部要认真履行"一岗双责"。党组织每年年初对全年党建工作进行安排部署，在落实上级相关要求的基础上，结合实际创新党建工作方法，认真落实党建工作责任制，实行党建目标责任管理，签订年度党建目标考核责任书，开展年度党建工作考核。运用现代管

理方法，将"PDCA"循环管理运用到党建工作领域，从计划（plan）、实施（do）、考核（check）和整改（action）等全过程进行管控，使党建工作实现由"虚"到"实"的转变。

2. 理论武装，凝聚推动发展力量

注重从思想上建党，是我们党加强自身建设的基本原则和重要法宝，也是党的十八大以来以习近平同志为核心的党中央全面从严治党的鲜明特色。党的十八届六中全会通过的《关于新形势下党内政治生活的若干准则》（简称《准则》），明确提出"党的各级组织必须坚持不懈抓好理论武装，广大党员、干部特别是高级干部必须自觉抓好学习、增强党性修养"。

（1）发挥关键少数带头作用。

加强督促检查和考核评价，把中心组学习考核结果纳入党政领导班子和领导干部综合考核评价指标体系，作为考核领导班子和衡量领导干部思想政治素质的重要内容，充分发挥其在理论学习中的示范带动作用。

（2）抓好全体党员学习教育。

积极开展"不忘初心、牢记使命"主题教育，把深入学习宣传贯彻党的十九大精神、从严推进"两学一做"学习教育常态化制度化、务实开展"不忘初心、牢记使命"主题教育有机结合起来。以党的组织生活为基本形式，认真执行"三会一课"等制度，按照统一安排，结合基层党组织和党员的实际，有计划、有针对性地定期开展集体学习，组织专题学习讨论，确保理论学习抓在日常、严在经常。

3. 创新方式，提升党建工作质量

（1）创新活动载体。

结合公司业务管理、人员结构、党建工作要求等，积极开展党员亮身份、党员责任区、党员示范岗、党章党规党纪知识竞赛、解放思想大讨论、演讲比赛、党组织联合共建、红色基地学习教育等党建特色活动；充分利用党建云平台、微信群等信息化手段，为党员干部提供更方便快捷的学习平台，定期组织学习和考核；充分利用员工培训、企业文化、团建等以及工会、团组织、妇联等群团活动的时机，把党和国家政策宣讲、各级党组织要求等有机融入，作为活动的重要内容。

（2）创新活动管理。

将党建工作按照项目模式运作，通过融入现代管理理念进行项目化管理、过程化控制，使党建工作具有可控性，达到科学化、规范化的要求。各级党组织按照选项与立项、组织与实施、验收与评估的项目实施流程，在项目库中选取适合自身实际的项目开展工作，将党建工作"软任务"转为"硬指标"。党委搭建平台建立项目库，党支部从中选取项目，党员实施项目，各司其职，把党建工作落实到一件件听得到、看得见、摸得着、做得成的项目中，使党建工作具体化、科学化、规范化。

4. 从严治党，加强党风廉政建设

（1）落实工作责任。

党组织书记严格履行"第一责任人"职责，在执行党风廉政建设责任制上率先垂范，以身作则；其他班子成员严格按照"一岗双责"要求，定期研究、部署、检查、报告分管党风廉政建设工作。深化廉洁风险防控体系建设，与内控机制建设、全面风险管理相融合，建立一套符合企业实际的岗位廉洁风险防控体系，有效制约和监督权力运行，持续规范管理人员廉洁从业行为。推进监督执纪与经营管理融合，签署党风廉政建设责任书、廉洁从业责任书、廉洁承诺告知函等，在每个投资项目的开发过程中，实施投资决策前相关人员的廉洁承诺制度。

（2）强化作风建设。

深入贯彻落实中央"八项规定"精神，持之以恒地严查"四风"问题，持续强化廉洁从业教育和案例警示教育，督促党员干部守纪律、讲规矩，确保不触底线、不越红线。组织廉洁谈话，分批对中层以上人员及重点岗位人员进行廉洁谈话；按照上级党组织要求开展有关专项活动、集中排查整治等；积极配合上级组织的巡视、审计工作，做好问题整改；通过观看警示教育片、组织专题研讨交流、组织微信答题等形式，强化党员干部宗旨意识、廉政意识和法纪意识。

（二）探索混合所有制企业党建工作

2015 年 8 月，中共中央、国务院印发了《关于深化国有企业改革的指导意见》，把建立党的组织、开展党的工作，作为推进混合所有制企业改

革的必要前提。2015 年 9 月，国务院印发了《关于国有企业发展混合所有制经济的意见》，进一步提出加强混合所有制企业党建工作，坚持党的建设与企业改革同步谋划、同步开展。同时，中共中央办公厅印发了《关于在深化国有企业改革中坚持党的领导加强党的建设的若干意见》，强调积极推进混合所有制企业党建工作。产业扶贫基金通过股权投资方式在贫困地区投资的企业主要为混合所有制企业，基金管理公司作为基金管理人，有责任按要求根据基金投资的实际情况，对被投资企业的党建工作进行分类指导，在运行机制、管理模式、活动开展等方面进行积极探索和实践，为提高产业扶贫实效提供组织保障。

1. 分类管理，明确党建工作责任

产业扶贫基金承担党建工作责任的适用于基金为股东的投资企业，包括以股权方式投资的企业，以可转债方式投资、基金行使转股权利后的企业，起初以优先股方式投资、后来转为普通股权的企业；不包括以债权方式投资的企业，以可转债方式投资、基金尚未行使转股权利的企业，起初以优先股方式投资、尚未转为普通股权的企业，子基金及其投资企业等。

产业扶贫基金与国有企业（包括中央企业或地方国有企业及其控股或实际控制的企业，下同）投资，基金不控股的投资企业，以及产业扶贫基金与国有企业、非国有企业共同投资，基金不是第一大国有股东的投资企业，这两类，产业扶贫基金都不是第一大国有股东，不做具体安排，按中央、地方有关规定实施，基金管理公司积极支持、配合国有股东在合作企业开展党建工作。产业扶贫基金与非国有企业共同投资，基金控股的投资企业，以及产业扶贫基金与国有企业、非国有企业共同投资，基金是第一大国有股东的投资企业，这两类，基金是第一大国有股东或是唯一的国有股东，统称为"基金参股混合所有制企业"，其党组织主要职责是：宣传贯彻党的路线方针政策，团结凝聚职工群众，维护各方合法权益，建设先进企业文化，促进企业健康发展，加强自身建设。

2. 提前谋划，发挥党建工作引领作用

基金管理人在选择合作对象时，就把建立党的组织、开展党建工作、充分发挥混合所有制企业党组织作用作为基金投资的必要前提，把习近平

总书记"确保企业发展到哪里、党的建设就跟进到哪里、党支部的战斗堡垒作用就体现在哪里"的要求落到实处。在基金管理公司的指导支持下，被投资企业中的党组织要切实发挥政治引领作用，帮助企业把握好发展方向，引导企业深入贯彻落实党的路线方针政策，支持并监督企业依法开展生产经营活动，确保企业发展不偏离方向。

基金管理人通过召开投资企业党建工作培训座谈会、邀请党建工作优秀企业做交流发言、评选党建工作先进单位、开展联合党日活动、下发《党建工作指导意见》等多种方式，加强对投资企业党建工作的指导和投资企业之间党建工作交流，共同提高政治站位，统一思想认识，拓宽工作思路，发挥党建引领作用，为产业基金扶贫工作提供工作遵循和组织保障。

3. 完善机制，激发企业发展动能

基金管理公司要把加强混合所有制企业党建工作作为投后管理的重要内容，向投资企业派出党建工作指导员，把党建工作与推进企业分类施策相结合，按照不同类型混合所有制企业特点，明确党组织的设置方式、职责定位和管理模式；把党建工作与完善法人治理结构相结合，以党章为遵循，以现代企业制度为基础，把党的领导融入公司治理各环节，把党组织内嵌到公司治理结构之中；把党建工作与企业生产经营相结合，紧紧围绕企业生产经营目标进行统一规划、统一部署；以党建工作带动团建、工会工作，凝聚职工、稳定队伍。

在基金管理公司的指导支持下，产业扶贫基金投资企业要通过党建工作把投资企业股东、管理人员和一线职工拧成一股绳，劲儿往一处使，把党的政治优势、组织优势转化为企业的发展优势，通过党建工作为企业发展注入新动能，推动投资企业进一步发展壮大甚至走向资本市场，打造贫困地区特色支柱产业，在助力脱贫攻坚和乡村振兴中发挥更大作用。

4. 凝心聚力，提高产业基金扶贫效果

基金管理公司要严格按照产业基金扶贫管理模式，通过发挥企业直接提供就业和间接拉动产业链条的作用，培育新型农业经营主体和新型职业农民，通过土地经营权入股、订单收购、信用扶贫贷款入股、利益分享等

多种方式，带动更多建档立卡人口脱贫。为了保障扶贫效果，通过产业基金的引导带动作用，做到扶真贫、真扶贫。

基金管理公司要把筑牢党建链条与打造产业链同步推进，把党建工作链条延伸到每一个环节、每一个主体，坚持把新型农业经营主体和新型职业农民培养成党员，把党员培养成引领产业发展、带动脱贫致富的引路人。

二、人力资源管理

基金管理公司要统一思想、凝聚共识，增强员工的使命感、紧迫感、责任感，坚持市场化方向，以完善的组织职能架构、清晰的岗职发展体系、健全的激励约束机制，激活公司上下的发展动力和凝聚力。

（一）组织架构

以精简高效为原则设置组织架构，保障公司业务运作效率。公司经营管理层设置总经理、首席投资官、首席运营官、首席行政官，负责公司的日常经营管理。根据职能，公司分设前、中、后台。其中，前台设置投资团队和管理团队，由首席投资官负责管理；中台设置运营管理部、风控法律部和财务会计部，由首席运营官负责管理；后台设置综合管理部，由首席行政官负责管理。投资团队负责项目投资和管理、相关行业的微观层面专业研究；管理团队负责子基金监管、评估以及项目管理和退出；运营管理部负责基金日常运营管理、投资者关系管理、宏观经济及市场动态研究等；风控法律部为公司风险识别、监控、预警和防范部门，负责项目风险控制、日常法律业务和合规审查等；财务会计部为公司财务管理部门，负责公司财务管理、会计核算、资金管理、资产评估等；综合管理部为公司日常运营提供全面支持，负责行政管理、人力资源管理、党群监察管理、品牌建设及其他日常事务管理。

（二）岗职体系

以能力贡献为基础设置岗职体系，通过岗职体系引导员工能力发展，鼓励员工为公司贡献价值，保证员工上升通道通畅。基金管理公司要建立

MD 职级体系为主、岗位职级体系为辅的职业发展双通道。前台、中台适用于基于专业能力的 MD 职级体系，参照市场实践，划分为董事总经理（MD）、执行总监（ED）、总监（D）、副总裁（VP）、经理（AS）及分析师（AN）六个职级；后台人员适用于岗位职级体系，职衔包括高级总监、总监、高级经理、经理、专员五个层级。

（三）薪酬管理

基金管理公司要建立与公司发展需要相匹配的薪酬管理体系，提高市场竞争力，建立既有激励又有约束的薪酬分配和考核机制，强化绩效考核及其结果应用，吸引、保留、激励和发展优秀人才。

1. 人工成本管理

人工成本总额由年度薪酬和福利费用构成。年度薪酬包括固定薪酬和浮动薪酬。福利费用包括社会保险、住房公积金、企业年金、福利费、教育培训经费、工会经费和劳动保护费等。人工成本总额和浮动薪酬的计算公式如下：

人工成本总额＝固定薪酬＋浮动薪酬＋福利费用；

浮动薪酬＝（人工成本总额基准值－固定薪酬－福利费用）

×公司绩效考核系数

人工成本总额基准值按管理费收入的一定比例计算确定，实行分段计算的规则。

2. 年度薪酬

年度薪酬分为固定薪酬和浮动薪酬，浮动薪酬包括绩效奖金等。各职级员工年度薪酬标准分为若干档。根据员工岗位所在职级的年度薪酬标准，按照相应职级的固定浮动比例，确定员工的固定薪酬标准和绩效奖金标准。

固定薪酬主要体现岗位价值、个人能力与经验，根据员工职级、工作职责、能力评价等综合确定。绩效奖金主要体现员工当年价值贡献及绩效成果，以员工个人绩效完成情况为依据进行发放。

固定薪酬按月发放，浮动薪酬递延支付。浮动薪酬按照市场实践，按照薪酬支付与风险暴露周期相匹配的原则，针对公司一定职级以上人员提取一定比例进行递延支付，其他人员薪酬在当年度根据绩效考核结果全部兑现。

（四）绩效考核

基金管理公司要将完善绩效考核工作作为管理提升的重要抓手，建立健全有效的激励约束机制，客观公正评价部门（团队）和员工业绩贡献，促进公司战略发展目标的实现和年度工作任务的全面完成。

1. 绩效考核工作原则

要坚持战略性原则，以实现公司发展战略为根本，各部门（团队）及员工的工作必须以实现公司价值创造和价值增值为目的；坚持发展性原则，通过绩效评价、绩效改善，提高部门（团队）的管理水平和员工的工作效能；坚持平衡性原则，指标体系与公司年度目标、长期战略链接，做到长期与短期目标平衡、财务与非财务目标平衡；坚持动态性原则，充分考虑公司业务的发展阶段和业务特征对绩效管理体系的动态影响。

2. 绩效考核评价体系

绩效目标由绩效指标、指标权重及评价标准构成，按类别分为部门（团队）绩效目标和员工绩效目标。

部门（团队）绩效考核指标主要包括定量指标（财务指标、业务指标）、定性指标（工作过程及结果控制）、加减分项（非经常性发生的重点事件），定量指标得分根据财务数据和计分规则直接计算，不同考核主体权重不同。员工绩效考核指标包括部门（团队）绩效考核和个人绩效考核两部分，个人绩效考核包括工作业绩和工作表现。根据被考核对象的不同，不同考核主体的权重不同。

3. 绩效考核结果运用

部门（团队）绩效考核得分＝Σ（定量指标得分×定量指标权重）
＋Σ（定性指标得分×定性指标权重）＋加减分

员工绩效考核得分＝Σ［部门（团队）绩效考核得分×权重］
＋Σ（个人绩效考核得分×权重）

绩效考核结果应用于部门（团队）和员工的评优评先、奖励、薪酬调整、浮动薪酬发放以及职级调整等。

三、企业文化建设

企业文化是企业的灵魂，是企业发展的力量来源，还是企业实现可持续发展的重要保障。优秀的企业文化能够营造良好的企业环境，提高员工的文化素养和道德水准，对内能形成凝聚力、向心力和约束力，形成企业发展不可或缺的精神力量和道德规范；对外能形成企业的品牌影响力、行业竞争力和人才吸引力，为企业提供可持续发展的动力。作为产业扶贫基金的管理者，基金管理公司更要重视企业文化建设，以文化凝聚人心、促进发展，在实践中探索形成符合基金管理公司发展的企业文化理念体系，为企业发展壮大注入精神力量。

成熟的企业文化理念体系一般由核心理念和发展理念构成，核心理念包括企业使命、愿景、核心价值观等，发展理念包括商业模式、发展策略、核心能力等。

(一) 企业使命

基金管理公司要始终不忘服务国家战略的初心，坚持市场化运作、专业化管理，在打赢脱贫攻坚战中发挥产业扶贫基金的独特作用，探索出一条市场化产业扶贫新路。

1. 经济效益

一方面，基金管理公司以财政和中央企业资金为杠杆，发挥产业扶贫基金的引导带动作用，撬动更大规模社会资本投入，聚合多方资源支持贫困地区企业发展，通过发现、增值和放大企业价值，带动所投资股权的价值增加。另一方面，通过投资贫困地区特色优势产业，培育贫困地区产业的造血能力，带动上下游中小企业和产业集群发展壮大，增加地方财政收入，促进产业链就业人口增收，助力区域经济发展。

2. 社会效益

基金管理公司应把服从国家战略、改善民生福祉作为目标，不断加强可持续发展和社会责任管理，努力创造经济社会综合价值，勇于承担服务国家需求、服务人民美好生活的责任担当和使命。脱贫攻坚是当前最大的社会责任，基金管理公司把东部发达地区的人才、技术、资金、管理等优势资源引入贫困地区，缩小贫困差距，为改善和发展民生、促进社会和谐贡献力量。

3. 队伍建设

基金管理公司要建立具有发展前景的平台，构建人才能力素质的标准和评价体系，吸引和选拔市场上有竞争力的专业人才；建立科学的人才培养机制和专业培训体系，拓宽格局视野，提高专业技能；建立符合实际的职业发展通道、薪酬分配机制，为员工创造与企业共同发展的成长机会，激发干事创业的工作热情；打造一支信念坚定、素质过硬、能力突出的产业基金投资管理队伍。

4. 从业规范

基金管理公司作为产业扶贫基金管理人，在履行职责和义务时，应当严格遵守相关法规对私募基金管理人及其从业人员提出的相应规范性要求；应当遵循自愿、公平、诚实信用原则，维护投资者合法权益，不得损害国家利益和社会公共利益；从业人员应当遵守法律、行政法规，恪守职业道德和行为规范。

（二）愿景

产业扶贫基金具有追求正面财务回报、产生显著积极社会影响力的鲜明特征，是用市场的原则配置资源，用金融的手段在解决诸如环境恶化、贫富差距加大等社会问题中发挥重要作用，在获得经济回报的同时实现社会效益，属于"影响力投资"的范畴。作为影响力投资机构，基金管理公司要秉持"创新、协调、绿色、开放、共享"的新发展理念，在推动中国经济高质量发展中寻找机会、做出贡献，在实现基金安全、高效、可持续发展以及不断扩大影响力的过程中，争创一流的投资能力、投后管理、投资项目和基金品牌，着力打造出资人信赖、行业尊重、社会认可的影响力投资机构品牌。

（三）核心价值观

核心价值观是践行企业使命、实现企业愿景的关键路径和行为指引，是工作中必须遵守的基本行为要求，也是成为一名合格员工的前提条件。只有践行核心价值观，才能正确地创造价值，才能保障企业的高效运作，才能实现企业的基业长青。基金管理公司要建立以下核心价值观。

1. 守法合规

守法合规是基金管理人的基本职业要求，也是确保资金安全、获取出资人信任的前提条件。基金管理人要坚持职业操守，严格遵守国家法律法规，不贪污受贿、不以权谋私；要守规则、重信用，严格遵循企业投资和投后管理制度，不存侥幸心理、不违规操作；要对标行业一流标准，建立健全规范的投资决策流程、投后管理体系，规避投资风险，保障资金安全和投资效果。

2. 专业审慎

专业能力是基金从业人员胜任本职工作所必须具备的职业技能，而审慎的态度是基金从业人员基本的职业素养和道德要求。专业审慎是基金管理人构筑差异化竞争优势的基础，也是保障资金安全和投资效果的前提。专业是获取信任的基础，审慎是资金安全的保障，只有获得信任才能实现基金的持续募集，只有保障资金安全才能实现基金的保值增值。基金管理人要具备一定的知识储备和专业技能，持续学习、努力钻研、用心实践，积累投资管理经验，培养专业的投资眼光；要审慎进行投资，在工作中保持合理的谨慎，不断提高风险管理水平。

3. 发展共赢

基金管理公司与各方主体建立关系时，要秉持"发展共赢"的理念，将其确定为共同追求的目标。基金管理公司要在外部合作过程中秉持共赢理念，在保障自身利益的前提下，充分考虑合作方的基本利益，使公司与合作伙伴共同发展；要与员工发展共赢，为员工提供成长的平台和机会，与员工共享发展的成果；要与出资人发展共赢，主动承担基金管理责任，保障资金安全和投资效果，成为出资人信任的基金管理人；要与投资企业发展共赢，深入了解投资企业需求，提供增值服务，助力投资企业发展壮大；要与业务合作伙伴发展共赢，关注战略伙伴的利益，建立长期稳定的合作关系。

4. 忠诚尽责

基金管理公司受托管理产业扶贫基金，要坚持不忘设立初心，牢记使命宗旨，忠诚扶贫事业，认真履职尽责，担当起党和国家赋予的光荣政治任务和社会责任。基金管理公司要有担当意识，直面问题，不等靠要，主动作为，恪尽职守；公司员工要对事业忠诚老实，把国家、集体的利益放在部门利益、个人利益之上；要勤勉敬业，对工作尽职尽责、精益求精、追求卓越。

(四) 商业模式

依靠市场运作方式，通过社会资本引导，区域特色优势产业的识别和投资，规范的投后管理，以及企业家培育、管理赋能等投后增值服务，提升贫困地区区域"造血"能力，促进贫困地区区域经济发展、改善区域民生。

(五) 发展策略

合作发展是基金管理公司创造价值和打造核心竞争力的关键路径。基于价值链，基金管理公司需要与出资人、投资企业、业务伙伴、上级公司及地方政府等重要合作主体建立长期、良好的合作关系。

1. 对出资人

坚持共担共赢，在市场化法律契约的前提下，主动承担基金管理责任，与出资人建立相互信赖的代理服务合作关系。

2. 对投资企业

坚持共同成长，主动服务于投资企业，对投资企业进行规范管理，在不干涉投资企业自主经营的前提下，尽己所能为投资企业提供支持和帮助。

3. 对业务伙伴

坚持合作共赢，与业务伙伴形成稳定高效的战略合作关系。

4. 对上级公司

坚持共生共荣，在上级公司的领导下，有效承接和执行上级公司的战略，与上级公司保持协同，依托上级公司平台，实现资源共享。

5. 对地方政府

坚持同心共扶，与地方政府建立共同的目标，形成共鸣共识，在产业培育过程中充分发挥自身优势，利用政策资源，与地方政府携手同心，共同扶持发展区域特色优势产业，促进区域经济发展。

(六) 核心能力

基于价值创造过程，基金管理公司要重点打造三种核心能力：产业培育能力、品牌打造能力和人才发展能力。

1. 产业培育能力

引导社会资本进入贫困地区，筛选和投资区域特色优势产业，有针对性地提供投后增值服务，为投资企业培育企业管理人员、提高管理水平赋能。

2. 品牌打造能力

对内建立共同价值理念和文化内核，对外彰显中央企业政治责任和社会责任，创新宣传载体，树立一流影响力投资机构的品牌形象。

3. 人才发展能力

吸引、招募和选拔专业人才，为人才发展提供晋升通道，激励和引导团队向专业化方向发展，构建科学合理的培养体系，打造符合产业基金扶贫要求的人才队伍。

四、信息化建设

企业信息化是指企业在生产和经营、管理和决策、研究和开发、市场和销售等各个方面全面应用信息技术，建设、应用系统和网络，通过对信息和知识资源的有效开发利用，调整或重构企业组织结构和业务模式，服务企业发展目标，提高企业竞争力的过程。随着现代信息技术的迅猛发展和飞速普及，企业生存和竞争环境发生了根本变化。企业要想在市场中立于不败之地，必须进行信息化建设，信息化成为企业获取竞争优势、应对挑战的必然选择。

（一）信息化建设的意义

1. 信息化建设是贫困地区产业投资的客观需要

由于贫困地区分布广泛、产业基础薄弱、营商环境差、市场主体发育不足、企业受政策和市场影响的风险大等原因，产业扶贫基金的管理难度随着投资项目数量和涉及行业增多、覆盖地域扩大、产业链条延伸等呈现几何级增长趋势。信息化建设可有效提高基金管理公司的工作效率，改进和强化资金流、人员流、信息流、物资流的集成管理，对基金管理公司固有经营思想产生强烈冲击，给基金管理公司管理模式带来根本性变革。

2. 信息化建设是提高投资项目质量的重要保障

产业基金投资本身就存在合规要求高、流程烦琐复杂、时间跨度长、资金额度大、投后监管难度大等困难，信息化建设可以使基金管理公司通过投资管理系统开展项目投管退等流程性工作、报表搜集及分析等投研类工作、信息获取与风控示警的监管类工作等，这不但可以极大减轻基金管理公司的工作压力，同时在项目投资方面也更显专业性和规范性，加快了反应速度，提高了决策的效益和效率。

3. 信息化建设是提升经营管理水平的重要手段

在传统的企业组织架构中，只有垂直的指挥系统，没有水平的协同机制，企业内部因缺少沟通，部门间各自为政，遇到需要跨部门合作的工作，常常需要反复的沟通和确认，导致工作效率难以提高。基金管理公司通过信息化建设，将信息系统与前、中、后台的业务深度融合，实现各部门数据信息的实时共享共通，极大提高信息的准确率和传递效率，为多部门之间的协同合作搭建沟通桥梁，解决了传统沟通模式的难点问题，从而提升了管理效益。

(二) 信息管理平台

按照产业基金扶贫管理模式对信息化建设目标的要求，基金管理公司要科学合理地进行信息化建设的顶层设计，既要满足项目投资管理、投资企业财务管理、基金投资数据分析等需求，又要实现公司层面的系统集成和数据标准化，实现数据集成、信息共享、流程规范、操作便利的信息建设目标。

基金管理公司应建设产业基金扶贫信息管理平台，分别包括基金投资管理系统、财务云平台、数据分析系统和企业管理系统。基金投资管理系统实现投资业务流程管理和数据沉淀，财务云平台实现投资项目财务报表和社会效益的数据收集管理和沉淀，数据分析系统实现对沉淀数据的集成、多维度分析，企业管理系统在完成各系统集成的基础上对基金管理公司日常运营管理、项目投资管理等进行统一高效管理和全面支撑。

1. 基金投资管理系统

该系统包括募资管理、投资管理、投后管理、退出管理、项目文档管理、中介机构管理、投票管理、付款管理、股东管理、基金管理和股东信息披露等功能模块。系统依照股权投资企业的标准流程、贫困地区产业基金投资实际，对基金募、投、管、退全流程进行管理，按照严格权限控制树保障系统操作权限和信息查看权限，形成完整的数据监察和共享机制，实现业务流的有序推进。全部模块都围绕项目生命周期管理，包括中介机构管理、付款管理和现金流管理的功能，也通过项目生命周期的推进产生关联，从而将项目各个维度的基础数据结构化地保存至系统中，形成基础的项目业务数据。

2. 财务云平台

该系统包括电子财务系统、报表管理、资金监管和社会效益采集管理等功能模块。系统通过收集投资企业财务报表、监管资金使用、采集和报送扶贫信息等，既提高了信息数据的收集和分析效率，又实现了对投资企业专户每一笔资金使用的监管，强化了基金管理公司与投资企业间信息交互的能力。

3. 数据分析系统

该系统对基金投资管理系统、财务云平台的基础数据进行收集、加工和整合，从投资团队、项目所属周期、投资时间、所属行业、所在地域、合作对象和投资方式等方面开展多维度、多视角的大数据分析，对各项目的收益率、盈亏情况、净资产报酬率、社会效益和财务报表指标异常等进行分析，通过直观可视的图形化呈现，使基金管理公司能够一目了然地掌握当前项目投资进展、投资企业运营情况等。

4. 企业管理系统

该系统是各信息系统、日常综合办公等功能的集成平台。系统将大数据平台通过多功能展厅大屏幕进行展示，向政府部门、基金股东、合作单位、新闻媒体等展示产业扶贫基金投资成果。其中，大数据平台的投资分布地图从片区、各省、扶贫平台等宏观层面展示基金投资成效，并可延伸至各省、各项目一级；与投资企业视频监控、大数据平台对接，实时了解企业经营管理情况，协助进行投后管理。

(三) 信息化的成效

1. 规范业务流程

信息化实现了投资业务全流程的规范管理，在各投资周期阶段锁定必须上传的文件，确保项目文档的齐全完善，提高了项目管理的效率；实现了日常办公流程的规范管理，在决策审批、工作计划、审计整改等方面的应用，将原线下多部门协同的基础工作迁移到线上，通过透明公开的信息分享，降低跨部门沟通成本，提升了日常办公效率；实现了投后管理数据信息的规范管理，投资企业财务报表和年度社会效益指标按照统一数据标准进行填报，减少投后管理的信息收集、复核工作，提高了投后管理效率。

2. 提升管理水平

通过收集、清洗、筛选结构化数据，形成了宝贵的数字信息资产，在历史数据的基础上分析得出基金项目投资、资金使用、投资项目收益等定量指标，辅助基金管理公司进行决策，提高了战略制定、项目投资的精准度和可信度。通过对不同用户的权限控制，向各部门、各层级、各岗位及时准确传达实时更新的业务数据，彻底改变了原线下模式中点对点、一事一议的低效沟通模式，增强了各部门、各层级、各岗位间的数据交互能力，极大提高了信息透明度和效用，有助于统一思想、形成共识、凝聚合力、推动发展。

3. 助力品牌建设

产业基金扶贫是党和国家赋予的光荣使命，要探索出一条市场化、产业化扶贫新路，并将成功经验在全国范围内推广、复制。基金管理公司通过大数据平台将整合分析的基金投资数据在可视化投资地图界面上进行多维度实时展示，通过各信息系统展现自身在贫困地区进行产业基金投资的核心能力，直观高效地向关心支持产业基金扶贫工作的社会各界推介产业基金扶贫模式，为后续基金募集、项目投资合作等提供影响力支持，有助于在行业内树立基金管理公司的品牌。

五、品牌建设

打赢脱贫攻坚战是中国共产党向全国人民做出的庄严承诺，是全面建成小康社会的底线任务，是中国特色社会主义制度优越性的体现。产业基金扶贫工作承担着探索市场化、产业化扶贫新路的重任，要为当前脱贫奔小康和今后乡村振兴提供经验借鉴。树立扶贫品牌是产业基金扶贫管理模式的重要组成部分，做好品牌宣传是为国际减贫事业贡献"中国方案""中国智慧"的重要途径，越是在脱贫攻坚的关键时期，越要高度重视品牌宣传工作。

(一) 构建工作格局

基金管理公司要立足基金政策属性、行业属性、公众属性，做好宣传工作的顶层设计，分层协调部署，实现上下联动、全面推进。

1. 建立信息报送机制

从政策属性出发，要建立向政府主管部门、国家智库等机构的信息报送机制，通过报送内参和专项报告、主动拜访等方式及时汇报产业基金扶贫成果，争取政策支持。

2. 建立信息分享机制

从行业属性出发，要建立面向政府监管部门、行业协会、上级单位以及基金公司股东和董事、监事等的信息分享机制，通过工作简报、座谈交流、专题调研等方式及时分享基金投资进展，密切工作交流。

3. 建立信息公示机制

从公众属性出发，要建立面向贫困地区地方政府、潜在合作对象、社会公众的信息公示机制，通过网站、微信订阅号、微博、短视频等方式展现基金投资策略、投资流程、合作方式以及产业基金扶贫的成绩。

（二）健全宣传体系

1. 制定宣传办法

制定基金管理公司宣传工作管理办法，从制度层面明确宣传工作的重要性和规范性。宣传工作的一大特性是严谨，所撰写的宣传材料必须在政治、思想、内容等方面确保正确，建立宣传管理办法，使宣传工作制度化是保证宣传严谨性的必要条件。制定宣传工作奖惩机制，充分调动所有员工参与宣传工作的积极性和主动性，形成全员参与的良好局面。

2. 创新宣传载体

宣传内容必须借助一定的载体才能发挥其应有的作用，基金管理公司要结合各种宣传载体的特点及功能，构建完善的宣传载体体系，不断强化宣传效果。建设基金网站、基金管理公司网站网页端和手机客户端，发布官方信息；建立微信公众号，设置新栏目，推送新内容；拍摄宣传片，直观展示基金扶贫成效和经验；按期编写工作简报，汇报基金扶贫重要成果；制作基金宣传册等宣传品，通过实物展示基金工作；及时上报新闻，让上级公司了解基金最新动态；紧跟宣传潮流，开设短视频宣传渠道，活跃基金宣传氛围。

3. 抓好队伍建设

打造一支素质高、业务精的基金管理公司宣传队伍至关重要。基金管理公司要在公司设立专职新闻宣传岗位，在各部门设立兼职信息员，使宣传队伍更加充实、专业，借此收集一线工作最新动态和一线员工故事。基金管理公司应对宣传人员进行系统培训，提高他们的业务水平和能力。作为基金管理公司宣传人员，必须树立新的思想、新的观念，根据公司发展状况、公司宣传工作出现的新情况和面临的新问题来开展工作。

4. 建立媒体关系

与新华社、《人民日报》、中央电视台、《农民日报》、《中国证券报》、《中国扶贫》杂志等中央主流媒体和行业媒体建立并保持联系，随时向其报送产业基金扶贫的相关信息和新闻，借助其向全社会传播推广，扩大产业基金品牌影响。

（三）讲好扶贫故事

产业基金扶贫属于"五个一批"中的"发展产业脱贫一批"，更擅长于客观展示扶贫成绩，具有宏大叙事风格，常用事实和数据说话。作为基金管理公司，想要展示好这一宏大主题，更应该找准角度，做好宏大叙事的微观表达。讲好故事是现今宣传工作者的必备技能，在产业基金扶贫的过程中，基金管理公司应该从战斗在扶贫一线的投资经理、投资企业高管以及受益贫困人口中寻找鲜活的故事、先进的典型，借助中央主流媒体进行广泛传播，用一个个好故事展现脱贫攻坚战略下产业基金扶贫的成果、经验和贫困人口日新月异的生活变化，诠释产业基金扶贫从业者的忠诚、坚守、担当，向更多人弘扬主旋律、传递正能量。

（四）突出特色亮点

基金管理公司要围绕基金投资主业和工作实际，持续加强宣传的理论内涵，使宣传工作向纵深发展。

一是坚持用习近平新时代中国特色社会主义思想武装头脑、指导工作。要坚持常学常新，紧跟习近平新时代中国特色社会主义思想的发展，按照学懂弄通做实的要求，把学习成果转化为做好宣传工作的生动实践，并用实践去践行习近平新时代中国特色社会主义思想，开创基金管理公司宣传工作新局面。

二是紧跟政策形势要求，按照党和国家脱贫攻坚工作部署，在国家扶贫日、全国两会等重大时间节点，在国内外重要场合发声，不断提高产业扶贫基金的影响力。

三是围绕基金投资主业，宣传基金最新投资策略，切实发挥基金引导带动作用，吸引行业内外的关注，创造更多的合作机会。

四是推广特色扶贫模式，利用重大项目签约、会议活动等契机，宣传产业基金扶贫重大项目，推广产业基金扶贫管理模式，全面展示产业基金扶贫的成就，引领和推动中国影响力投资行业发展。

第四章

产业基金扶贫绩效评价

产业基金扶贫绩效评价包括基金经济效益评价、基金社会效益评价、投资项目经济效益评价和投资项目社会效益评价，投资项目社会效益评价已在第三章第三节开展社会效益评估中介绍，在此不再赘述。

第一节　基金经济效益评价

基金的经济效益评价主要通过三个指标进行，一是资产保值增值率，二是投资收益率，三是费用控制率，总分 35 分。

一、资产保值增值率

资产保值增值率是定量指标，评价资产保值增值情况，总分 15 分。其计算公式为：

保值增值率(R)＝股东所有者权益/股东出资数额

当 $R \geq 1.1$，得 15 分；当 $1.1 > R \geq 1.05$，得 $[12+(15-12)\times(R-1.05)/(1.1-1.05)]$ 分；当 $1.05 > R \geq 1$，得 $[9+(12-9)\times(R-1)/(1.05-1)]$ 分；当 $1 > R \geq 0.95$，得 $[6+(9-6)\times(R-0.95)/(1-0.95)]$ 分；当 $0.95 > R \geq 0.9$，得 $[3+(6-3)\times(R-0.9)/(0.95-0.9)]$ 分；当 $R < 0.9$，得 0 分。

二、投资收益率

投资收益率是定量指标，评价完整项目周期的投资收益情况，总分 15 分。其计算公式为：

加权平均投资收益率(N)＝$\sum$（已收回本金单个项目的投资收益/已收回本金单个项目投资本金总额/该项目投资年数）×（已收回本金单个

项目投资本金总额/已收回本金所有
项目投资本金总额）

$n=$国家贷款基准利率。当 $N \geqslant 70\% \times n$，得 15 分；当 $70\% \times n > N \geqslant 65\% \times n$，得 14 分；当 $65\% \times n > N \geqslant 60\% \times n$，得 13 分；当 $60\% \times n > N \geqslant 55\% \times n$，得 12 分；当 $55\% \times n > N \geqslant 50\% \times n$，得 11 分；以此类推。

三、费用控制率

费用控制率是定量指标，评价基金总体管理费控制情况，总分 5 分。其计算公式为：

$$费用预算执行率(N) = 实际基金总体管理费 / 预算基金总体管理费$$

当 $N \leqslant 1$，得 5 分；当 $1 < N \leqslant 1.1$，得 4 分；当 $1.1 < N \leqslant 1.2$，得 3 分；当 $1.2 < N \leqslant 1.3$，得 2 分；当 $1.3 < N \leqslant 1.4$，得 1 分；当 $N > 1.4$，得 0 分。

第二节　基金社会效益评价

基金的社会效益评价主要包括两大类共计 13 个指标：一大类是政策效应指标，总分 30 分；另一大类是管理效能指标，总分 35 分。

一、政策效应指标

（一）资金投向

资金投向是定量指标，评价基金是否投资于贫困地区产业发展，满分 10 分。当投资符合要求时，得 10 分；出现一次违规情况扣 3 分；违规情况超过 3 次得 0 分。

（二）资金放大

资金放大是定量指标，评价基金投资带动的社会资金放大倍数，满分 10 分。其计算公式为：

$$资金放大倍数（N）= 投后带动社会资本投资额 / 已投项目累计投资额$$

当 $N \geqslant 1$，得 10 分；当 $0.8 \leqslant N < 1$，得 7 分；当 $0.6 \leqslant N < 0.8$，得 4 分；当 $0.4 \leqslant N < 0.6$，得 2 分；当 $N < 0.4$，得 0 分。

（三）扶持带动贫困人口数

扶持带动贫困人口数是定量指标，满分 4 分。其计算公式为：

$$万元投资带动贫困人口数（R）= 带动贫困人口数 / 已投项目基金投入数$$

N 为考核年度前累计平均数。当 $R \geqslant N$，得 4 分；当 $80\% \times N \leqslant R < N$，得 3 分；当 $60\% \times N \leqslant R < 80\% \times N$，得 2 分；当 $40\% \times N \leqslant R < 60\% \times N$，得 1 分；当 $R < 40\% \times N$，得 0 分。

（四）被投企业上缴税费

被投企业上缴税费是定量指标，满分 3 分。其计算公式为：

$$被投企业上缴税费额（R）= 年上缴税费金额 / 当年在投金额$$

N 为考核年度前累计平均数。当 $R \geqslant N$，得 3 分；当 $80\% \times N \leqslant R < N$，得 2 分；当 $60\% \times N \leqslant R < 80\% \times N$，得 1 分；当 $R < 60\% \times N$，得 0 分。

（五）贫困人口就业增收额

贫困人口就业增收额是定量指标，满分 3 分。其计算公式为：

$$贫困人口就业增收额（R）= 为贫困人口提供就业年收入 / 当年在投金额$$

N 为考核年度前累计平均数。当 $R \geqslant N$，得 3 分；当 $80\% \times N \leqslant R <$

N，得 2 分；当 $60\% \times N \leqslant R < 80\% \times N$，得 1 分；当 $R < 60\% \times N$，得 0 分。

二、管理效能指标

（一）合规履约

合规履约是定性指标，满分 4 分，评价基金投资运营管理过程中是否合法合规，是否符合相关协议约定。主要包括：是否严格按照公司章程相关规定开展业务，是否严格执行与管理公司签订的委托管理协议中明确的相关权利与义务，是否严格按照与管理公司、托管银行签订的三方协议履约。

对公司章程、委托管理协议、三方协议合规履约情况进行综合评价，有违反情况视情节严重扣分，扣完为止。由基金公司提供评价证明材料及拟评定分数，由基金股东审核确定得分。

（二）投资限制

投资限制是定性指标，满分 4 分，评价基金对投资限制的执行情况是否符合相关协议约定。按照基金公司章程规定，基金投资不得从事以下业务：商品房开发；从事股票（参与上市公司非公开发行股票以及以协议方式进行上市公司收购除外）、期货、现货中远期交易，证券投资基金、企业债券、金融衍生品的投资；购置非自用不动产；将资金用于赞助、捐赠（经公司股东会批准的公益性捐赠除外）等支出；对外提供担保；对外提供借款；相关法律法规禁止从事的业务。

由基金公司提供评价证明材料及拟评定分数，由基金股东审核确定得分。有违反投资限制行为的，不得分；无违反投资限制行为的，得 4 分。

（三）投资退出

投资退出是定量指标，满分 5 分，评价基金投资退出情况，考察基金投资的退出变现能力，退出方式不限于 IPO 后二级市场出售、被并购、股权转让、股权回购、换股、清算等。其计算公式为：

$$项目超期未退出率(M) = 超过七年未退出项目投资总额 / 基金累$$
$$计投资总额$$

当 $M{\leqslant}10\%$，得 5 分；当 $10\%{<}M{\leqslant}15\%$，得 4 分；当 $15\%{<}M{\leqslant}$ 20%，得 3 分；当 $20\%{<}M{\leqslant}25\%$，得 2 分；当 $25\%{<}M{\leqslant}30\%$，得 1 分；当 $M{>}30\%$，不得分。

（四）内部治理

内部治理是定性指标，满分 5 分，评价基金内部治理情况，包括制度建设、风险控制、资本金运营、财务管理、费用控制等方面。其中，"制度建设"包括基金管理制度体系建设情况是否完善，"风险控制"包括基金投资风险控制制度和程序是否得到有效执行，"资本金运营"包括基金合并、分立、解散、清算及国有产权转让等资本运营是否符合程序，"财务管理"包括基金会计核算、利润分配处理是否符合要求等，"费用控制"包括聘请第三方审计咨询费、会议费等费用支出控制程序是否有效。

对制度建设、风险控制、资本金运营、财务管理、费用控制五方面情况进行综合评价。由基金公司提供评价证明材料及拟评定分数，由基金股东审核确定得分。每个方面分值 1 分，表现较好得 1 分，表现较差酌情扣分。

（五）重大事项请示报告制度落实

重大事项请示报告制度落实是定量指标，满分 5 分，评价公司相关请示及材料报送情况。按要求及时请示及报送相关情况和材料（包括公司重大事项决策、重要人事任免、大额资金运作等事项的相关报告），每出现 1 次失误，减 1 分，最低 0 分。

（六）信息数据报送

信息数据报送是定性指标，满分 4 分，需要按要求及时全面报送财务报表、投资项目对比分析报告，及时、准确填报财政部政府投资基金运行情况季报等材料，未及时全面报送的酌情扣分。

（七）日常管理

日常管理是定性指标，满分4分，评价基金日常管理表现，主要考核会议组织、文件管理、信息宣传、行政协调、监督检查情况。其中，"会议组织"指基金股东会、董事会的组织频率、效果和会议记录情况，"文件管理"指基金各类文件、档案资料的接受与管理，"信息宣传"指基金日常情况通报和公共信息宣传，"行政协调"指与地方各部门的行政协调，"监督检查"指对基金管理人、托管人提交的各类报告的稽查。

对会议组织、文件管理、信息宣传、行政协调、监督检查情况等方面进行综合评价。由基金公司提供评价证明材料及拟评定分数，由基金股东审核确定得分。每个方面分值0.8分，表现较好得0.8分，表现较差酌情扣分。

（八）党建工作

党建工作是定性指标，满分4分，评价公司党建情况。按照上级党委要求及时开展党风和廉政建设，严格执行党的纪律；并负责党员的教育、管理和监督等。由基金公司提供评价证明材料及评定分数，由基金股东审核确定得分。

三、加减分项

（一）加分项

基金投资工作得到国家领导人或有关部委领导正面文字批示等可加分，满分5分。得到国家领导人正面文字批示的，出现一次，加分不超过5分；得到部委领导正面文字批示的，出现一次，加分不超过3分；加分超过5分时，按5分计算。

（二）减分项

发生属于当期责任的重大违规违纪案件、造成重大不利社会影响的事件或考核数据中弄虚作假的，在此项指标中进行扣分，发生一项扣 3 分，扣完 5 分为止。

第三节　投资项目经济效益评价

投资项目的经济效益评价是指综合市场、技术、财务等不同维度对其投资发展情况开展深入分析，从而为合理、准确、有效评估产业基金扶贫绩效提供必要依据。主要包括三个方面：赢利能力分析、偿债能力分析和营运能力分析，其中赢利能力分析为经济效益分析的核心部分。

一、赢利能力分析

赢利能力分析是在被投资企业的财务数据及其相关利润表的基础上，测算投资项目的资本金净利润率和财务内部收益率这两大核心指标，并与基准值进行对比分析。若相关指标优于基准值，则其相关项目具备推进条件；若相关指标低于基准值，则项目暂不具备投资条件。通过对比相关指标和基准值的大小来判断和评估投资项目的绩效评价情况。

1. 资本金净利润率（ROE）

资本金净利润率是项目利润总额占用资本金的百分比，用于展示资本金的投资获利情况，是衡量投资项目获利能力的标准性指标。资本金利润率的高低直接关系到产业扶贫基金的利益，这也是基金投资方所关心的问题之一。产业扶贫基金的设立虽然有别于以"利润最大化"为主要发展目标的市场化投资资金，但是保值增值是产业扶贫基金的原则之一，因此采用资本金净利润率作为产业扶贫基金财务分析的核心静态指标是合理且准确的。其计算公式如下：

$$ROE = NP/EC \times 100\%$$

式中，NP 是项目达到设计生产能力后正常年份的税后净利润或运营期内税后年平均净利润，净利润＝利润总额－所得税；EC 是项目资本金，若资本金利润率高于同行业的利润率参考值，则表明用项目资本金净利润率所表示的项目赢利能力满足要求，若资本金利润率低于同行业的利润率参考值，则该项目不满足赢利能力方面的要求。

2. 财务内部收益率（FIRR）

财务内部收益率是指项目在整个计算期内具体年份净现金流量现值累计为零时所反映出的折现率。利用该指标可以对项目财务赢利能力进行科学评价。其计算公式如下：

$$\sum_{t=1}^{n}(CI-CO)_t(1+FIRR)^{-t}=0$$

式中，CI 代表的是现金流入量，CO 代表的是现金流出量，$(CI-CO)_t$ 则主要指的是项目计算期内第 t 期的净现金流量情况，n 代表的是项目整个计算期，如果财务内部收益率超过或与所预设的基准值持平，那么从财务角度来看该投资项目是具备推进条件的；但如果财务内部收益率低于所预设的判别基准，那么从财务角度上来看该项目则不具有可行性。

此外，在分析赢利能力时，也需要注重标的的赢利质量，其中最常用的工具就是观察项目现金流的健康程度，主要可从以下三方面着手：

一是项目销售商品或提供劳务收到的现金和项目营业收入是否匹配：如果项目销售商品或提供劳务收到的现金和项目营业收入的比值大于 1，则赢利质量较好。

二是项目经营性现金流净额不为负数，则赢利质量较好。

三是经营性现金流净额和项目净利润是否匹配：如果项目经营性现金流净额和项目净利润的比值大于 1，则赢利质量较好。

二、偿债能力分析

偿债能力分析是指被投资企业偿还所欠债务的能力。对偿债能力进行分析有利于债权人进行正确的借贷决策，有利于投资者进行正确的投资决策，有利于企业经营者进行正确的经营决策，有利于正确评价企业的财务状况。在对偿债能力进行分析时通常会使用到利息备付率、偿债备付率等相关指标。

1. 利息备付率（ICR）

利息备付率即已获利息倍数，主要体现的是当项目仍处于借款偿还期阶段时，每年可用于支付利息的息税前利润与当期应付利息费用两者间的比值，其可通过如下公式进行计算：

$$ICR = EBIT/PI$$

式中，$EBIT$ 和 PI 分别代表的是息税前利润和总成本费用应付利息。在对利息备付率进行计算时，应按年度进行估算，该指标越高代表利息偿付保障能力越好。利息备付率一般不应小于2。当投资项目的利息备付率低于2时，其偿债能力可能存在风险，项目融资能力可能比较弱，这也意味着项目获取的融资成本会更高，会加重项目的成本，增加项目的投资风险。因此利息备付率的引入可以评估投资项目的偿债能力，判断投资项目的可行性，从而判断投资项目的投资决策正确与否和项目监测工作是否到位，并以此作为基金绩效评估的重要依据。

2. 偿债备付率（DSCR）

偿债备付率是指项目仍处于借款偿还期阶段时每年能够被用做还本付息用途的资金与当期所需支付用于还本付息金额的比例，其可通过如下公式进行计算：

$$DSCR = (EBITAD - TAX)/PD$$

式中，$EBITAD$ 所代表的是息税前利润加折旧和摊销，TAX 代表的则是企业所得税，PD 是应还本付息金额。该指标的数值越高，则表示项目能用于还本付息的资金保障能力越强。通常情况下偿债备付率应高于1，若投资项目的偿债备付率低于1，则说明其资金保障能力较弱，不建议继续推进。

投资项目的偿债能力分析部分主要通过利息备付率和偿债备付率两个指标进行评估，利息备付率可评估所投项目偿债能力和项目融资能力，偿债备付率用于评估其还本付息的资金保障能力。通过这两大指标对投资项目的偿债能力进行评估，进而对产业扶贫基金投资活动的合理性做出准确的判断，这也是绩效评价体系的重要内容之一。

三、营运能力分析

营运能力主要指资产运用、循环的效率高低。一般而言，资金周转速度越快，说明企业的资金管理水平越高，资金利用效率越高，企业可以以较少的投入获得较多的收益。因此，营运能力指标通过投入与产出（主要指收入）之间的关系反映。企业营运能力分析主要包括：流动资产周转情况分析、固定资产周转情况分析和总资产周转情况分析三个方面。

（一）流动资产周转情况分析

流动资产周转情况分析是衡量企业流动资产的效率高低，一般采用的指标为应收账款周转率、存货周转率和流动资产周转率。

1. 应收账款周转率

应收账款周转率是衡量应收账款资金周转速度的指标，指标用一定时期内赊销收入净额除以应收账款平均余额表示。在一定时期内应收账款周转的次数越多，说明应收账款回收速度越快，企业资产的营运效率就越高。应收账款周转率高有利于企业及时收回贷款以防出现坏账，同时也有利于提高企业偿还短期债务、应对营运风险的能力。

2. 存货周转率

存货周转率是衡量企业生产经营各个环节中存货运营效率，反映企业销售能力和流动资产流动性的综合性指标，由一定时期内企业销货成本除以存货平均余额得到。一般情况下，存货周转率越高越好。在存货平均水平一定的条件下，存货周转率越高，则企业销售货物的成本数额越多，企业销售产品数量越多，销售能力越强。

3. 流动资产周转率

流动资产周转率是反映企业流动资产周转速度的指标，由流动资产平均占用额除以流动资产在一定时期所完成的周转额得到。在一定时期内，流动资产周转率越高，说明单位资产完成的周转额越多，流动资产利用的效果越好。一般来说，流动资产周转率的提高主要反映在周转天数的缩短上。

（二）固定资产周转情况分析

反映固定资产周转情况的指标是固定资产周转率，固定资产周转率是反映企业固定资产周转速度的重要指标，由企业年销售收入净额除以固定资产平均净值得到，是衡量固定资产利用效率的重要指标。固定资产周转率高，说明企业固定资产利用率高，投资得当，资产结构合理。需要注意的是，运用固定资产周转率衡量固定资产周转情况时，需要考虑固定资产净值因计提折旧而逐年减少或因更新重置而突然增加的影响。

（三）总资产周转情况分析

反映总资产周转情况的指标是总资产周转率，由企业销售收入净额除以资产总额得到，该指标用于衡量企业全部资产的周转速度和资金使用效率，如果该指标高，说明企业利用全部资产进行经营的效率高，企业营运能力强，经营情况好。

第五章

产业基金扶贫成效与展望

第一节　打造扶贫平台

一、主要依据

基金管理公司要依托贫困地区资源禀赋和产业规划（见图5-1），统筹安排在不同行业的投资布局，依托产业龙头企业在贫困地区打造特色扶贫平台，重点投资农业、矿产、制造、园区、旅游、电力、化工、建筑、医疗等行业。

东北	华北	华中	华南
清洁能源	畜牧业	畜牧业	现代农业
制造业	现代农业	食品加工	旅游文化
畜牧业	农业科技	现代农业	制造业
现代农业	制造业	中药材	食品饮料
中药材	食品饮料	制造业	畜牧业
医疗医药	医疗医药	旅游文化	交通物流

青海	宁夏	甘肃	陕西	新疆	西藏	西南
特色畜牧业	特色畜牧业	清洁能源	旅游文化	清洁能源	旅游文化	矿业
清洁能源	食品加工	中药材	现代农业	石油化工	清洁能源	清洁能源
矿业	旅游文化	旅游文化	清洁能源	畜牧业	矿业	旅游文化
				特色农业	绿色建材	食品饮料
				旅游业	生态环保	现代农业
				农机制造	天然饮用水	

图5-1　贫困地区资源禀赋和产业规划

以贫困地区产业发展基金和央企扶贫基金为例，经过多年的投资运作，已经打造了现代农业、资源开发、清洁能源、产销对接、资本运作、医疗健康和产业金融七大产业扶贫平台。如图5-2所示。

二、具体平台

一是综合考虑地区资源禀赋，统筹安排，合理布局，牢牢把握农业供

图 5－2　七大产业扶贫平台

给侧结构性改革机遇，与农业龙头企业打造现代农业平台。我国贫困人口主要分布在农村，现代农业平台可以帮助带动农村贫困人口发展种植业、养殖业以及农产品加工业，实现显著的带动效果。

二是依托当地资源禀赋，与当地旅游、加工制造、能源矿产类企业共同打造资源开发平台。资源开发平台可以使资源开发与脱贫攻坚有机结合，努力实现多方共赢，助力贫困地区形成适合当地实际的产业链及配套服务行业，从根本上提升贫困地区全方位"造血"能力，使贫困群众实现本质脱贫、永久脱贫。

三是落实"两山"理论，积极践行国家能源发展战略，与当地新能源企业共同打造清洁能源平台，充分挖掘贫困地区水、光、风和秸秆等资源，发展壮大清洁能源产业。

四是防止因病致贫、因病返贫，帮助贫困人口享受到优质医疗服务，与医疗企业共同打造医疗健康平台。"没有全民健康，就没有全面小康"，医疗健康平台不仅可以帮助贫困户解决大病重病等问题，还可以提升贫困地区的医疗水平。

五是有效将农产品生产和消费实现无缝对接，解决农产品销售难题，与相关企业共同打造产销对接平台。产销对接平台能促进农产品价值转化，打通农产品到餐桌的"最后一公里"，带动贫困地区人口脱贫致富。

六是为农业产业链提供融资方案，注入源头活水，与相关企业共同打造产业金融平台。产业金融平台以农业产业链为依托，为农户生产、经销商经营的融资提供整体解决方案，带动企业发展。

七是发挥基金纽带作用，利用资本证券市场"扶贫绿色通道"，与拟上市企业共同打造资本运作平台。资本运作平台可以利用资本市场对贫困地区的支持政策，把资本市场的"活水"引入贫困地区，有力提升贫困地区的"造血"功能和内生动力。

第二节　培育市场主体

一、引进龙头企业

贫困地区优质企业稀缺，企业上市需要一定的培育期。为满足当前脱贫攻坚形势的紧迫需求，基金管理公司要坚持"两条腿走路"，在培育贫困地区企业上市的同时，不断提高基金对社会资本的吸引力和杠杆作用，引导上市公司以及拟 IPO 公司投资于贫困地区，通过抓大带小、抓龙头带配套，带动一大批上下游企业发展，迅速实现产业集聚发展，形成地方特色主导产业集群，培育壮大区域经济增长极。

二、支持创新创业

基金管理公司要督促被投资企业利用自身的市场优势、资本优势、技术优势和管理优势，开发优势资源，培育特色产业，盘活当地的自然资源和人力资源，创造更多的市场机遇。同时鼓励农户充分利用被投资企业的生产链条创新创业，培养有文化、懂技术、会经营的新型职业农民，发挥"双带"作用，共同助力脱贫攻坚。

三、培育上市主体

贫困地区的企业上市，在引入市场经营理念、形成区域产业集群、增加地方财政收入、带动地方就业等方面效果十分明显。基金管理公司要积极响应证监会资本市场绿色通道政策，通过培育上市主体的方式促进贫困地区发展：一是要通过地方金融办、市场投资机构、中介机构等多种渠道，大力挖掘和培育贫困地区具有上市潜力的企业；二是要吸引发达地区部分拟上市公司迁址到贫困地区；三是要积极开发在非贫困县注册但在贫困县开展投资的拟 IPO 公司。

第三节　助力精准扶贫

一、直接扶贫成效

（一）生产带动

生产带动指位于产业链上下游的企业，通过降低生产的成本、提升产品质量或扩大产品的销量，带动建档立卡贫困户生产经营性收入的增加。该模式有利于发挥当地资源禀赋、促进特色产业融合发展，具有贫困户参与程度高、带动效应持续性强的优势，主要适用于处在农业产业链上下游的企业。企业以农产品收购或提供农业生产资料与贫困户构建起利益联结机制，并试图通过这一联结机制带动农户增收。

（二）就业带动

就业带动指企业吸纳贫困家庭劳动力就业，并根据劳动任务完成情况按时发放工资，促进农户工资性收入增加的扶贫模式。该模式的收益机制主要是通过企业为贫困劳动力提供长期稳定或季节性就业机会，提高贫困家庭工资性收入的方式带动整户脱贫。该模式使用范围广泛，劳动密集型的农业企业或工业企业均可使用该模式带动贫困户发展。

（三）资产收益带动

资产收益带动是指在扶贫产业项目中，相关经营主体将贫困户自然资源、扶贫资金、农户权益以及所在村庄的集体资源加以资产化，相关经营主体利用这类资产产生经济收益后，贫困村与贫困户按照股份或特定比例获得收益，从而增加贫困户的财产性收入的模式。资产收益模式的收益机制，主要是通过"资源变资产、资金变股金、农民变股东"等方式，整合自然资源和政府扶贫资金，依托有扶贫意愿、带动能力强、增收效果好的企业、农民专业合作社、种养大户等经营主体的经营运作，通过增加财产性收入带动贫困户脱贫。该模式具有针对性强、帮扶弱势贫困户效果显著的优势。

（四）定点帮扶

定点帮扶通过干部交流、技术服务、吸收劳务、经济合作等方式，有效发挥帮扶单位信息、技术、人才、组织能力等方面的优势，同时利用扶贫政策，与贫困地区合作，帮助其脱贫退出。定点帮扶创新了帮扶措施，提高了扶贫成效。

（五）公益捐赠

公益捐赠是指企业拿出部分利润，通过公益组织或政府直接捐钱、捐物，或以帮扶等形式帮助贫困村与贫困人口。公益捐赠并没有将贫困户直接吸纳入产业发展链条中，但公益捐赠是彰显企业积极履行社会责任，弘扬扶危济困传统美德最直接的见证。

二、间接扶贫成效

（一）增加地方税收

企业在得到产业扶贫基金的支持发展壮大后，企业税费也在当地区域经济发展中发挥着重要作用，在改善民生中履行着重要职责。

（二）加强基础设施

企业在其经营地区进行基础设施建设是顺利开展经营活动的前提，基础设施建设有利于节约物流成本，提高经营效率。完善的基础设施间接为贫困地区群众改善生产生活条件、节约生产经营成本和拓宽增收渠道提供了机遇。

（三）促进行业发展

由于龙头企业具有巨大影响力，龙头企业在贫困地区开展产业扶贫行动能够有效吸引产业链上下游企业集聚，从而带动贫困地区行业快速发展，增加贫困地区行业竞争力。

（四）改善融资环境

改善融资环境即在产业扶贫基金的引导下，带动银行、信托、租赁等相关大型金融企业进入贫困地区开展业务。将金融的"水"引到贫困地区，从而逐步改善贫困地区企业"融资难、融资贵"的问题，为贫困地区企业的可持续发展助力，进而达成间接扶贫目标。

第四节　未来展望

一、扩大扶贫基金规模

目前，虽然产业扶贫基金已初具规模，但是贫困地区企业发展仍然需要相当大的资金。2020 年全面建成小康社会目标实现后，仍将面临消除相对贫困、防止脱贫后返贫等问题，作为专注国家民生事业的产业基金扶贫任重而道远。因此，扩大扶贫基金规模将是未来发展的首要目标。

　　基金管理公司要进一步总结产业扶贫基金在发展主导产业方面探索出的新路子、新方法，进一步形成中央、地方国有资本和社会资本投入脱贫攻坚重大战略、夯实贫困地区经济基础的体制机制和政策体系，突出基金在引导产业发展中的政策导向、市场导向和可持续发展导向，撬动更多社会资本投入目前已有的产业扶贫基金。未来逐步整合全口径的市场化扶贫基金或资金，与公益性基金组成基金联盟，统一品牌，最大限度地帮扶贫困地区经济发展。基金联盟成立理事会，设立秘书处，通过扶贫信息共享、共同投资、共同策划有影响力的活动等多种方式，树立产业基金扶贫品牌。

二、引领影响力投资

　　党的十九大报告指出，中国特色社会主义进入新时代，我国社会主要矛盾已经转化为人民日益增长的美好生活需要和不平衡不充分的发展之间的矛盾。发展不平衡不充分包括发展质量和效益还不高、生态环境保护任重道远、民生领域还有不少短板、脱贫攻坚任务艰巨、城乡区域发展和收入分配差距依然较大，群众在就业、教育、医疗、居住、养老等方面面临不少难题等。中国经济从高速度向高质量发展，光靠政府投入是不够的，包括健康、医疗、养老、教育等许多公共产品和环保、相对贫困等问题，需要社会尤其是企业的参与。

　　影响力投资是联合国倡导的全球投资新理念，符合创新、协调、绿色、开放、共享的新发展理念，是使用商业的手段追求正面的财务回报和积极的、可量化的社会影响力，追求经济社会的可持续发展。无论从政策、规模还是成就等角度衡量，产业扶贫基金都在中国影响力投资行业占据重要的一席之地，是当前和未来一段时间内中国影响力投资行业的领军者。

（一）继续丰富产业基金扶贫的独特经验

　　产业基金扶贫有自己的特点，包括政策性更强，动员的资源和手段也更丰富，与社会资本、公益基金等相比更加注重增加税收、提供就业、带动脱贫等社会效益。作为当前中国影响力投资行业的重要内容，产业基金扶贫已经走出了一条以基金引导资本投入、以资本投入支持企业发展、以企业发展带动脱贫致富的全新路径，值得进一步总结和在更大范围内复制推广。

（二）持续探索 2020 年后的影响力投资方式

在后扶贫时代，作为打造全球影响力投资的产业基金扶贫，要坚持"义利结合"的发展理念，深刻洞察区域市场，灵活调整资产配置，引进专业的复合型人才，完善影响力评估体系；坚持市场化和专业化的投资模式，建立专业化的投资管理，优化投资策略，从产业的可转移性、贫困地区的适合性、经济价值和社会影响等方面做好投后管理，健全内部组织构架，推进绩效考核改革，建立市场化的约束激励机制；坚持国有体制与市场化相融合的运营方式，深化股权结构和治理改革，引入市场化机制，继续发挥国有资金优势，撬动更多社会资本进入农村。

（三）参与制定中国影响力投资行业标准

世界影响力投资理念进入中国时间不长，中国影响力投资方兴未艾，理念、方式都在持续不断地创新，尚没有实现影响力投资理念的中国化，行业内还没有就中国特色的影响力投资形成广泛的共识。作为国家、市场与社会政策结合的先行者，产业基金扶贫将继续坚持服务国家乡村振兴战略，聚焦相对贫困，为行业标准制定贡献力量。

三、衔接乡村振兴战略

2018 年 9 月，中共中央、国务院印发了《乡村振兴战略规划（2018—2022 年）》，明确指出产业兴旺是乡村振兴的重点。脱贫攻坚完成后，衔接乡村振兴战略，致力于乡村产业兴旺，是提前规划产业扶贫基金下一步工作的重点。

脱贫攻坚和乡村振兴战略规划都是我国为实现"两个一百年"奋斗目标而确定的国家战略，两者相互支撑、相互融合。目前，脱贫攻坚贯穿于产业兴旺、生态宜居、乡风文明、治理有效、生活富裕的乡村振兴总要求中，为乡村振兴之路打下良好的基础。乡村振兴战略规划是脱贫攻坚的延续，发展壮大乡村产业也是以完善利益联结机制为重点，以制度、技术和商业模式创新为动力，推进农村一、二、三产业交叉融合，加快发展根植于农业农村、由当地农民主办、彰显地域特色和乡村价值的产业体系。

产业基金扶贫要始终坚持服务国家战略，助力乡村振兴，推动城乡融合发展，成为区域投资和民生事业专家。要注重美丽乡村建设，因地制宜，引导农业现代化、发展特色手工业，依托特色资源，发展特色矿业、旅游业等，加强改善农村环境和基础设施，重点关注农村环境修复、水务水利、垃圾处理等投资项目，切实做好美丽乡村建设的促进者。要注重城乡融合发展，把握好城乡产业发展的机遇，加快农业转型升级，推动农村产业深度融合，强化农业科技支撑，激发农村创新创业活力，增强产业承接能力，解决落户与就业问题，促进劳动力流动，通过产业利润，增加当地政府财政收入，加大医疗、教育和养老等公共资源的供给，切实做好城乡融合中产业生态的构建者。要注重新型城镇化建设，通过融入城市圈、建设特色小镇和人口市民化等措施加速城市群、都市圈的卫星村、城中村的城镇化进程，做好新型城镇化建设的主力军。

四、贡献国际减贫方案

目前全球仍有7亿多人挣扎在贫困线上，世界减贫工作依然任重道远，联合国《2030年可持续发展议程》将消除极端贫困列为首要目标。对此，作为负责任和富有减贫经验的大国，中国70多年来的减贫成就加速了全球减贫进程，率先完成联合国减贫目标。从最初的救济式扶贫，到如今的精准扶贫，中国各地通过旅游减贫、产业减贫、生态减贫等各种方式，不断提高贫困地区的可持续发展能力，走出了一条中国特色减贫道路。其中，产业基金扶贫要积极与世界分享减贫经验与成果，充分利用其可复制性和可延展性的优势为全球减贫事业贡献中国智慧与中国方案。

第六章

投资案例选编

截至 2020 年 4 月底，贫困地区产业发展基金和央企扶贫基金累计完成投决项目 131 个，金额 250.71 亿元，覆盖全部 14 个集中连片地区及部分国家扶贫工作重点县、革命老区县，涉及全国 27 个省（区、市）。在产业基金扶贫过程中，出现了许多带动模式的典型案例，现将典型案例列举如下。

案例一　北京达康央扶医疗管理有限公司

一、投资背景

据国务院扶贫办统计，截至 2015 年，全国建档立卡贫困户中，因病致贫的占 44.1%。其中，终末期肾病（尿毒症）患者需通过血液透析维持生命，但目前我国血液透析治疗率及覆盖率低，血液透析设施集中在省、市级医院，部分区县医院还未开设血液透析诊疗服务，患者只能远赴几十甚至上百公里外的其他地市进行透析，而每周 2～3 次的透析，往返路费、食宿等可能高达 1 000～2 000 元，给患者和家庭造成了沉重的经济负担，因此贫困地区对修建独立血液透析中心的需求很大。

我国每年新增 14 万～20 万尿毒症患者，他们因病致贫、因病返贫现象突出。为帮扶贫困地区医疗行业发展，提升贫困地区人口健康水平，基金决定投资达康血透中心建设，帮扶肾病患者。

二、企业简介

2010 年 3 月，北京通州发生自建透析室事件，卫生部授权白求恩基金管理委员会（白求恩公益基金会前身）开展进社区、下基层的非营利性连锁血液透析医疗服务试点工作。2012 年 5 月，北京达康医疗投资有限公司成立，受白求恩基金管理委员会指导，承接血透中心项目的投资、运营和管理。2017 年，卫计委、民政部、国务院扶贫办联合发文，将终末期肾病纳入农村贫困人口大病专项救治范围。

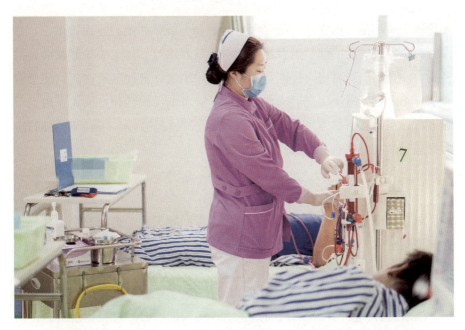

北京达康央扶医疗管理有限公司（简称达康央扶）成立于 2018 年 7 月

3 日，由北京达康医疗投资有限公司与产业基金共同出资成立，注册资本 5 000 万元，主营企业管理、医院管理、健康管理、健康咨询（须经审批的诊疗活动除外）、技术服务、医学研究与试验发展等。目前下属血透中心 10 家，在全国范围内开展业务，是全国第一家民办独立运营血透中心。

三、资金使用情况

基金认缴投资 1 500 万，以股权方式参与，基金投资资金用于贫困地区血透中心建设及运营，目前资金已拨付至 6 家贫困地区的血透中心，其中 1 家血透中心收治病人 50 多人，建档立卡贫困人口 20 多。

四、企业扶贫模式和效果

（一）方便高效，延续生命

尿毒症患者每周必须严格按时进行透析，否则会有生命危险。很多贫困地区交通不便，患者需要花费大量时间和金钱，才能到达血透中心，造成巨大负担，因此很多贫困患者只能选择放弃治疗。达康央扶修建的血液透析中心直接面对基层，特别是农村的贫困患者，方便就近透析，使患者免于舟车劳顿，减少了交通成本，减轻了患者的看病负担，满足了他们就近透析、及时透析的需求，较大程度缓解了农村贫困人口透析难的问题，对打赢脱贫攻坚战意义较大。

（二）弘扬人道，减免费用

尿毒症患者群体中因病致贫、因病返贫问题突出，贫困发生率高。达康央扶对贫困人口、低保户、军烈属等制定了免费透析办法，即仅收取医保报销的费用，不让患者自己出一分钱，让每个患者都能享受血透服务。此外，达康央扶秉承白求恩基金管理委员会的理念，对患者进行人道关怀，鼓励患者积极治疗、勇敢面对生活，还帮助患者办理报销手续、在当地找工作等，不仅在财务上也在精神上支持了困难群体。按照每家中心服务 80 名患者计算，50 家中心可覆盖 50 个县，解决 4 000 名患者的血液透析问题，对防止患者因病致贫、因病返贫，维护社会稳定意义较大。

（三）资源下沉，解决就业

达康央扶采用连锁制运营血透中心，以专业肾病医院为依托，引入专业规范的医疗队伍，将规范的血透中心标准推广到贫困地区，造福贫困群众，提高了贫困地区的医疗水平。同时，达康央扶在当地招聘护士，组织统一培训，提高了医护人员的素质，也提供了就业岗位。按照每家中心配备 20 台血透机、每个血透机配备 0.5 名护士计算，仅护士岗位，50 家中心就可解决 500 人就业。

达康央扶与行业内领先的企业合作，通过在贫困地区建设并运营独立血液透析中心，精准帮扶因患终末期肾病（尿毒症）致贫、返贫的困难群众，社会效益比较显著。项目符合国家"一县一科"的医疗扶贫战略规划。

案例二 北京大伟嘉生物技术股份有限公司

一、投资背景

"加快发展现代农业，促进农民持续增收"，李克强总理在政府工作会议中多次强调农业现代化的重要性。现代农业的精髓在于提高农业生产效率，唯有效率提升，方能实现农民持续增收，才能让八亿农民真正富起来。

我国贫困人口目前基本集中在农村区域，现代农业成为最贴近贫困人口的帮扶产业，其中，因地制宜发展现代畜禽养殖业，不仅技术要求相对较低，而且符合当地贫困人口养殖传统，收益又高，成为扶贫的重要发展

产业。投资现代畜禽养殖业，既有经济效益，又有扶贫效益。北京大伟嘉生物技术股份有限公司（简称大伟嘉股份）是中国农牧企业中仅有的几家进行养殖业全服务链经营的大型民营企业，被评为"中国十大行业隐形冠军企业"。

为助力贫困地区脱贫攻坚，依托优势龙头企业，结合贫困地区资源禀赋，加快农业产业化步伐，提升贫困地区造血能力，建立与贫困农户的利益联结机制，实践"基金＋产业龙头＋贫困地区资源＋贫困户"的产业扶贫模式，基金决定向大伟嘉股份投资，为其提供资金支持，助力其在贫困地区开展产业扶贫。

二、企业简介

大伟嘉股份是农业产业化国家重点龙头企业，是一家以畜禽养殖、保健型预混料、生物兽药为核心业务，集畜禽养殖及健康养殖服务、生物饲料、生物兽药、生物酶解工程、产业互联网于一体，专注农牧业科技产品制造及畜禽健康养殖全服务链经营的现代服务型农牧业高科技企业集团，是国家发改委授予的国家企业技术中心、博士后工作站。

大伟嘉股份在全国各地设有 35 家分子公司，在北京通州、辽宁沈阳、河南开封、山东青岛、湖北武汉、湖南长沙、江西南昌等地拥有 7 个现代化的产业园和 11 个制造基地，其中国家级饲料质量安全管理规范示范企业 4 个、农业部批准的生物兽药 GMP 生产企业 3 个，并在全国建有 17 家畜禽健康检测与评价云中心。

2019 年 5 月 24 日，中共中央政治局委员、国务院副总理胡春华莅临大伟嘉生物产业园核心种猪场调研指导，河北省委书记王东峰、农业部副部长韩俊等陪同考察。大伟嘉股份向胡副总理等领导汇报了公司预防非洲猪瘟"分四区，控四流"模式、全基因组选育技术、产业化工作、产业扶贫工作、生猪行情以及对养猪业的意见和建议等，得到了胡副总理的充分肯定。

三、资金使用情况

2017 年 7 月 20 日，央企扶贫基金与大伟嘉股份签订合作协议，约定央企扶贫基金以可转债方式投资大伟嘉股份 1 亿元，主要用于河北周边贫困县、辽宁阜新县等地的生猪养殖产业扶贫项目建设。

四、企业扶贫模式和效果

（一）模式创新，直接生产带动

大伟嘉股份采用"平台公司＋养殖管理服务公司＋养殖示范基地＋家庭农场（养殖小区）＋建档立卡贫困户＋产业互联网"的组织模式开展产业扶贫工作，其中"1118 模式"扶贫效果最好，得到了广大贫困户的认可。

"1118 模式"是指 1 个养猪户年出栏 1 000 头生猪，可增加 14 万元净收益，带动 18 个养殖户。养殖过程中种猪繁育、仔猪生产、饲料配送、药品配送、饲养管理、疫病防治、商品猪销售等环节，都由大伟嘉股份全程负责并跟踪服务，养猪户只负责建设猪舍和提供人工。这种扶贫模式最大的好处是让养猪户做到了稳赚不赔，享受到切实利益。目前，大伟嘉股份已先后在辽宁、河北、山西、湖南等地建立了多家扶贫示范基地，在河北和辽宁等地放养生猪近百万头，并在 10 多个省份协管、托管、租赁经营 320 多家规模猪场，养殖母猪 8 万多头，已帮扶 3 610 户贫困户实现脱贫。

（二）提供就业，增加地方税收

基金投资后，极大提升了大伟嘉股份产业扩张能力、融资能力和品牌影响力，助推其在贫困地区发展生猪养殖产业。同时，大伟嘉股份产业链每年的新增就业岗位需求超过 1 000 人，未来将达 2 000 人以上，可有效解决周边农户和建档立卡贫困户的就业问题。此外，大伟嘉股份仅 2018 年就向地方纳税超过 4 600 万元，有力支持了地方政府。此外，大伟嘉股份还对周边的物流运输、产业服务链等给予了重要支撑，对贫困地区经济发展和脱贫攻坚做出了重要贡献。

（三）全额担保，提供融资服务

大伟嘉股份采用"龙头企业＋供应链融资＋贫困户"的模式，联合京东金融、永辉金融及部分商业银行，推出"金鸡贷""建设贷"等业务，为养殖贫困户向金融机构提供全额担保，金融机构放款给养殖贫困户。通过该模式可把大伟嘉股份饲料的用量精确到天、精确到克，并据此匹配贷款资金，养殖贫困户只需要为实际使用到的资金支付利息即可。该模式可帮助贫困户解决养殖中的资金问题，帮助贫困户降低养殖成本，控制养殖风险，全面提升养殖管理水平。

（四）保底分红，真扶贫扶真贫

大伟嘉股份利用国家扶贫资金，在山西天镇县，与政府合作建设5 000头核心基础母猪场，年出栏12.5万头仔猪，并积极带动贫困户养

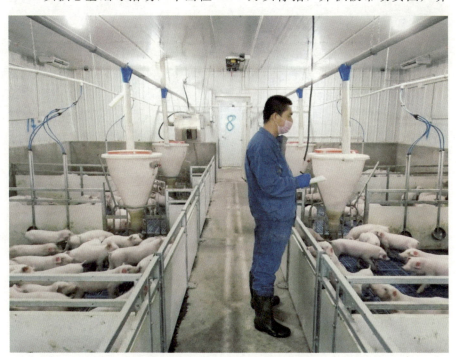

殖，采用"保底7％＋分红"方式进行扶贫收益分配。在辽宁兴城市，公司租赁政府扶贫畜牧地产，建设养殖小区，给予政府固定收益，用于扶贫事业。

案例三　固原扶贫开发投融资有限公司

一、投资背景

在当前我国宏观经济形势下，贫困地区中小微企业发展面临的困难相似，主要有：一是融资难、融资贵，导致中小微企业的扶贫效应受到抑制和约束。贫困地区的大多数中小微企业资产规模较小，难以满足金融机构抵押、担保的要求，为了防止金融风险，金融机构通常选择提高融资门槛，因此投融资基本局限在"大银行＋大企业（大项目）"中。二是企业经营管理、财务管理水平低下，难以良性发展，导致未能释放和发挥稳定和可持续性扶贫效率。这是大多数中小微企业的通病，在贫困地区该问题更加突出。贫困地区的中小微企业多是种养殖或初级加工业，家族企业、家庭作坊式企业，基本没有建立比较完善的经营和财务管理制度，因此很难成为区域性、行业性龙头企业。

宁夏固原市是全国主要的回族聚居区之一，是丝绸之路东段北道的必经之路和国家"一带一路"倡议中打造丝绸之路经济带的重要支点。固原市素有"苦瘠甲天下"之称，是六盘山连片特困地区核心区，是宁夏唯一的全域贫困市和扶贫开发的主战场，属于深度贫困地区。

固原市产业基础薄弱，当地企业存在规模小、分布散等情况，如通过扶贫基金直接进行股权投资，很难找到满足基金要求的企业，且投资风险大。国投创益经与固原市政府多次沟通，通过"扶贫基金＋政府平台＋中小微企业"的投资模式（即"固原模式"）对固原市经营情况和信用情况良好的中小微企业进行债权投资，妥善解决了上述问题。

二、企业简介

2016 年初，固原市政府重组整合市属国有企业，新组建交通、旅游、产业扶贫三家平台公司，其中宁夏六盘山产业扶贫开发投融资集团有限责任公司（简称六盘山产投）是产业扶贫平台公司。固原扶贫开发投融资有限公司（简称投融资公司）是六盘山产投的子公司，是经固原市人民政府批准成立的国有企业。投融资公司主要为固原市有效搭建投融资平台，多渠道、多层次开展与金融机构的诚信合作，做好融资工作，承接国家和自治区产业引导基金、金融机构扶贫贷款，为精准扶贫筹措资金。

三、资金使用情况

2017 年，国投创益通过央企扶贫基金向投融资公司投资 1.98 亿元。

投融资公司共帮扶企业 16 家，涉及冷凉蔬菜、中药、蜂蜜、杂粮以及淀粉生产和销售等 9 个产业，投资企业均属中小微企业。

四、企业扶贫模式和效果

（一）解决贫困地区中小企业痛点

　　国投创益以固原市政府平台公司为纽带，按照"政府引导、企业参与、市场运作、规范决策、严控风险、项目化实施、贫困户受益"的思路进行债权投资，探索了"扶贫基金＋政府平台＋中小微企业"的产业扶贫模式，即由国投创益管理的扶贫基金对政府平台进行债权投资，政府平台根据当地中小微企业的经营情况和信用情况进行二次债权投资，并为扶贫基金资金安全提供安全保障，有效解决了贫困地区融资难、融资贵的问题。此外，国投创益通过特色增值服务体系规范投资企业经营运作和财务管理，也促进了贫困地区企业的健康发展。

固原模式运作流程如图 6-1 所示。固原模式一是解决了中小微企业因流动资金不足导致的产能不足的痛点，促进了贫困地区产业的孵化和壮大；二是通过观察员制度直接明确资金的产业扶贫用途，保障资金精准用于产业扶贫；三是为企业提供赋能式增值服务，促进企业规范经营管理、完善各项制度建设；四是通过特色反担保形式（应收账款、存货抵押）解决了贫困地区中小微企业因抵押物不足导致的融资难问题；五是实行县初筛、市审核、基金复核的三级审核模式，能够选择经营情况较好、信用情况优良、带贫效果突出的企业，降低投资风险，最大程度提升资金的减贫效果。

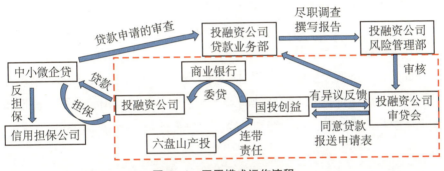

图 6-1 固原模式运作流程

（二）提供就业岗位，带动贫困户增收

平台所投资的 16 家企业 2018 全年提供全职岗位 1 195 个，其中招聘建档立卡贫困人口 186，为建档立卡贫困户提供工资 485.08 万元，贫困人口人均增收 2.6 万元；提供非全职就业岗位近 3 000 人，其中建档立卡贫困人口 389，人均增收 1 万元。例如，宁夏六盘山泾河食品有限公司提供 160 个全职岗位，其中 34 人是建档立卡贫困户；宁夏明德中药饮片有限公司临时性用工最多时雇用近 500 名工人，其中超过 120 人是建档立卡贫困户。

（三）流转土地增收益，保底收购降风险

平台所投资的 16 家企业共流转 608 户建档立卡贫困户土地 9 891.7

亩，流转费用每年为 206 万元，平均每户每年增收 3 388 元。

平台所投资的企业普遍开展了订单农业，降低了农业产业的市场风险。例如，宁夏固原福宁广业有限责任公司共有 30 510 万亩马铃薯订单种植基地，涉及贫困户 152 户，土地 1 117 亩。公司承诺以 0.3 元/斤的保底收购价收购 20 000 吨马铃薯，且收购的所有马铃薯按 40 元/吨进行扶贫补贴。订单农业这种新型农业生产经营模式不但解决了公司生产原料稳定来源问题，而且带动当地农民种植户走上了脱贫致富之路。

（四）定点帮扶承担责任，产业发展增加税收

平台所投资的 16 家企业共定点帮扶 27 个贫困村，涵盖了 2 565 名建档立卡贫困户，通过补贴种苗、订单收购、技能培训、慈善公益等形式进行帮扶。

此外，平台所投资的 16 家企业共计上缴各类税费 1 366 万元，企业经营性基础设施建设投入 19 462 万元，为地方经济发展做出了贡献，也带动了上下游相关产业的提升，特别是物流和包装行业。

案例四 广东壹号食品股份有限公司

一、投资背景

品牌农业是具有质量和安全健康保证的品质农业，是按照量化标准生产和加工、产品始终如一的标准化农业；是通过恰当的筛选、包装和加工进行原料升值的价值农业；是摒弃一家一户落后的生产经营状态，以规模获得高效益的规模农业；是打通一、二、三产业，甚至全产业链，实现质量与安全可追溯的大食品业。

随着人民生活水平的提高，消费者的品牌意识越来越强，越来越愿意

为高品质、大品牌买账，消费观念也随之从之前的"能买到产品就好"升级到"要买到品质、服务各方面都好的产品"。强化农产品品牌建设，不仅能够有效打开销路，而且能够大幅度提高经济、社会和生态效益，实实在在惠及生产者、经营者和消费者。加强农产品品牌建设，是发展现代农业、增强农产品市场竞争力、加快脱贫攻坚的客观要求，也是当前和今后一个时期我国农业发展的重要方向。

广东壹号食品股份有限公司（简称壹号食品）的"壹号土猪"品牌食品自 2007 年 1 月 27 日上市以来，畅销广州、深圳、东莞、佛山、中山、珠海、江门等广东主要经济发达地区。2013 年，"壹号土猪"成功登陆上海和北京市场，完成"上京下海拓疆土"的战略布局；2016 年，"壹号土猪"进驻杭州、苏州、天津、南京、成都、重庆等城市，完成国内南、北、东、西主要城市布局，为推进品牌的全国战略布局打下坚实基础。"壹号土猪"以差异化突出的优质产品以及个性鲜明的精英员工团队，备受超过 1 000 万忠实消费者的青睐与认同，现已拥有近 2 000 家连锁门店，是目前国内规模最大的土猪热鲜肉食品连锁企业。

2018 年，央企扶贫基金决定与壹号食品合作，在隆化县等区域建设生猪养殖基地，满足其周边市场产品供应，同时结合其产业带动能力，助力隆化县等贫困地区脱贫攻坚，加快农业产业化、品牌化步伐，加强贫困地区造血能力。随着消费升级及新的消费场景的出现，2018 年，壹号食品开始布局新零售业务，立足社区，服务社区，通过优质的生鲜产品和服务，打造社区生鲜零售生态体系，为顾客提供更加便捷、高效和优质的购物服务，先后在广州、深圳、佛山、东莞、中山、珠海、杭州、常州、厦门、上海等多个城市，开设了 400 余家社区生鲜门店。

二、企业简介

壹号食品成立于 2004 年 9 月 2 日，主营土猪、土鸡、蛋鸡养殖及鲜肉、鲜鸡蛋销售业务，是国家重点龙头农业企业。公司自创"壹号土猪""壹号土鸡""壹号土鸡蛋"等壹号系品牌，打通生产与流通环节，采取"掌控终端、品牌经营"的全新商业模式，核心品牌"壹号土猪"自 2007 年进军广州猪肉市场以来，经过 10 余年的发展，现已成为全国知名的土猪品牌。

三、资金使用情况

2018 年 8 月 10 日，央企扶贫基金与壹号食品签订合作协议，约定央企扶贫基金以股权投资方式向壹号食品投资 3 亿元，资金用于在河北承德隆化县等贫困地区建设猪、鸡、牛等畜牧畜禽规模化生态养殖基地。

四、企业扶贫模式和效果

（一）直接生产带动

壹号食品采用"公司＋基地＋农户"模式直接带动贫困户参与养殖，每个育肥农户少则分到一条猪栏，多则分到四条猪栏，年出栏 500～2 000 头猪不等。公司的"承包式"考核制度里，一般一头猪的利润约 150 元，每户年收入 7.5 万到 30 万元不等。

（二）提供就业岗位

为尽可能直接增加当地贫困户的非农收入，壹号食品在日常生产经营过程中为贫困户提供就业岗位，鼓励他们积极参加工作，努力脱贫。从屠宰、排血、洗涤、肢解到分类、包装、冷藏等过程，每一个环节及其细分都为当地老百姓提供了大量长期就业岗位，带动贫困户工资性收入效果显著，据统计，有约 85％的员工来自农村，其中国家级贫困县人口 657，省级贫困县人口 878。随着公司在贫困地区，包括河北承德隆化县、四川甘孜州等地项目的全面启动，将为贫困地区提供更多就业岗位。

（三）扶贫先扶智、扶志

此外，壹号食品还致力提升员工岗位技能，对员工进行培训。公司成立专门的培训学校，名为"龙虎豹培训学院"，俗称"屠夫学校"。学校现有全职讲师或教官约 30 人，采用全军事化封闭式管理，授课内容针对公司员工的岗位类别设计。以土猪肉销售人员为例，设有销售技能课、分割技术课、企业文化课、产品知识课、军事体能课等，理论课与实操课相结合，文化课与体能课相结合。顺利毕业的学员，不但在技能技术上过关，还在吃苦耐劳、思想意识等综合素质上过硬。结合公司"不问学历、业绩导向"的考核体系，让一批又一批来自贫困地区的农村子弟在城市立足下来，拥有了自己个人的职业核心竞争力，甚至有一部分人成为行业里的职业猎头目标。

案例五   贵州国台酒业股份有限公司

一、投资背景

经过数年的调整，白酒行业自 2017 年开始呈现加速复苏的趋势，产量、收入、利润总额三项指标增速均高于 2016 年，持续高景气度。随着白酒行业的持续回暖，茅台强势引领的酱香白酒消费大势及短期难以解决的供求矛盾，为同样具有稀缺属性、品质无限趋同、品牌逐步提升的白酒生产企业创造了空间。贵州国台酒业股份有限公司（简称国台酒业）充

分利用目前的市场机遇，扩大"贵州国台酒、酱香新领袖"的行业及品牌地位，在产量、销量持续高速增长的同时，对上游优质原材料的需求激增。

2018年10月29日，天士力集团来基金管理公司交流，提及其旗下国台酒业在贵州生产销售酱香白酒，但原料中高粱的来源不稳定、质量波动大，对企业的生产经营造成了不利影响。因此，国台酒业在贵州省内经多次考察，最终选定安龙县作为其未来主要高粱种植基地。

贵州省黔西南布依族苗族自治州安龙县地处滇桂黔三省交界，属于左右江革命老区范围，贫困发生率较高，亟待引入产业助力脱贫攻坚战。国台酒业拟在安龙县投资新设一家专司高粱种植、收储、加工、销售的原料基地公司，希望引入央企扶贫基金共同打造安龙高粱原料基地项目。考虑到安龙县作为农业大县，适宜发展高粱种植产业，直接带动贫困户参与产业发展潜力较大，因此央企扶贫基金与国台酒业合作共同发展高粱种植项目。

二、企业简介

国台酒业成立于 2001 年 3 月 22 日，注册资本 36 500 万元，属于白酒制造业，主营业务为白酒生产、销售及出口贸易。国台酒业通过经销商入股和与区域龙头酒业销售商合作开拓终端市场，实现销售"全国化市场布局"的战略规划，以贵州、北京、天津为战略市场，在贵州吸引酱香酒合作经销商，精准宣传，通过媒介组合，树立国台酒业形象。

三、资金使用情况

2018 年 12 月 19 日，央企扶贫基金与国台酒业签订合作协议，约定央企扶贫基金以股权方式投资国台酒业 1 亿元，资金用于在安龙县设立贵州国台农业科技发展有限公司（简称国台农发），用于高粱种植基地建设、安龙县及周边贫困县高粱等粮食收储和与粮食加工相关的资产收购等。国台农发在安龙县及周边贫困县大力推广糯高粱种植，并将收购的高粱直接供给国台酒业，这样，既解决了国台酒业原材料来源的问题，又带动老百姓通过种植高粱脱贫致富。

四、企业扶贫模式和效果

（一）直接生产带动

2019 年，国台农发与农户及合作社签约合作种植高粱面积为 16 340 亩，共带动农户 2 497 户。其中，签约合作种植基地位于安龙县、兴仁市、义龙新区及安顺市紫云县，以上区县皆为滇桂黔石漠化集中连片特困地区及国家级贫困县，且安龙县、兴仁市属于左右江革命老区范围。

从粮食种植的比较效益看，该地区传统种植的玉米收购价约 2.0～2.2 元/公斤，亩产约 400 公斤，亩均种植玉米收益约 840 元。改种糯高粱后，签约收购价为 5.2 元/公斤，亩产约 350 公斤，亩均收益约 1 820 元，相比之下，农户改种糯高粱每亩可增收 1 000 元左右，2019 年当年即可为地方农户增收 1 634 万元。

（二）提供就业岗位

每年 9—12 月份粮食收储加工时，可吸纳 60～80 人灵活就业，人均预计可增收 10 000 元，当年可为周边农户提供约 70 万元的劳务收入。

（三）助力产业发展

在产品运输和销售过程中，国台农发同时带动了周边物流运输、装卸包装等行业的发展，以物流行业为例，国台农发 2019 年支付的地头物流费和净粮物流费达到 400 万元。在税收方面，国台酒业仅 2019 年即向地方纳税超过 6.3 亿元，显著增加了当地政府的收入。

案例六　中央企业贫困地区湖南产业投资私募股权基金企业（有限合伙）

一、投资背景

湖南全省有武陵山、罗霄山两大集中连片特困地区，51 个扶贫开发工作重点县，约 360 万贫困人口，其中还有大部分贫困人口生活在深山区、边远山区、高寒山区、革命老区和少数民族聚居区，脱贫任务重，攻坚难度大。

为充分发挥央企扶贫基金扶贫带动作用，集中资源推动湖南省脱贫攻坚，央企扶贫基金从 2016 年就开始重点规划入湘参与扶贫开发事宜，在综合考虑了湖南省内企业的战略定位、信息、资本及投资能力等因素后，选择了与湖南湘投控股集团有限公司（简称湘投集团）合作，共同发起设立央企扶贫湖南子基金，专项支持湖南省脱贫攻坚事业。本次合作既考虑到湖南当前扶贫任务的艰巨性，又有利于发挥地方优势和撬动更多的扶贫资金，符合党中央和国务院对央企扶贫基金发挥引领带动作用的要求。

湘投集团成立于 1992 年 8 月，作为湖南省政府的出资人和产权代表，主要任务是负责筹集、经营和管理省基本建设经营性基金，按照省政府发展规划，参与省内能源基础设施项目、重点工程项目以及政策性项目投资建设。20 多年来，湘投集团着力打造服务于湖南省建设的新型投融资平台、战略新兴产业发展平台和省属国有资本整合平台，逐步形成了产业投资与经营、投资与金融、资产管理三大业务领域，发展成为湖南省属国有企业中综合实力最强的企业之一。

二、基金简介

中央企业贫困地区湖南产业投资私募股权基金企业（有限合伙）（简称湖南子基金）注册成立于 2017 年 8 月 9 日，基金总规模为 7.5 亿元，其中，央企扶贫基金出资 5 亿元，存续期限为 7 年，主要以股权增资方式投资于湖南省内重点贫困地区的资源开发（特色种养业、旅游业、加工业、矿产资源等）、产业园区建设、新型城镇化发展等项目，适当投资养老、医疗、健康等民生产业，优先考虑吸纳就业人数多、带动力强、兼有直接扶贫与间接扶贫效果的项目。

三、资金使用情况

截至 2019 年底，湖南子基金已完成项目投资 11 个，累计完成投资金额 5.67 亿元，投资完成率 75%，投资项目覆盖了农业、林业、养殖、新能源、城镇基础设施、旅游、化工、矿产资源等领域，惠及永顺、安化、邵阳、石门、泸溪、武冈、平江、新宁、辰溪、会同、洞口、溆浦、洪江等片区贫困县，较好地发挥了子基金的扶贫聚焦作用，推动了湖南区域内的脱贫攻坚工作。湖南子基金项目投资情况见表6-1。

表6-1　　　　　　　　　　湖南子基金项目投资情况

序号	企业名称	央企基金投资金额（万元）	总投资额（万元）
1	湘西老爹生物有限公司	2 000.00	3 000.00
2	安化华晟生物能源有限责任公司	2 666.4	4 000.00
3	湖南林之神生物科技有限公司	1 666.7	2 500.00
4	湖南华诚生物资源股份有限公司	2 666.4	4 000.00
5	石门县现代农业投资开发有限公司	4 000.0	6 000.00
6	湖南众鑫新材料股份有限公司	1 333.3	2 000.00
7	永顺县老司城开发经营有限责任公司	6 666.7	10 000.00
8	湖南武冈湘水水务有限公司	3 600.0	5 400.00
9	湖南中南黄金冶炼有限公司	9 697.4	14 546.10
10	新宁县龙丰果业有限责任公司	866.7	1 300.00
11	湖南洪江古商城文化旅游产业投资股份有限公司	2 666.4	4 000.00

四、基金扶贫模式和效果

(一) 直接生产带动

湖南子基金通过助力产业发展，密切与贫困人口利益联结机制，帮助贫困人口脱贫致富。湖南华诚生物资源股份有限公司（简称华诚生物）是一家专注于新一代天然糖——罗汉果零卡甜（第一代天然糖是蔗糖）生产、研发、减糖解决方案服务的高新技术企业。近几年来，华诚生物通过"公司＋合作社＋农户"的模式，在茶陵、攸县、宁乡等20多个县市采购罗汉果并流转土地，帮助当地贫困户参与产业发展，带动其脱贫致富。2018年有效帮扶了低保户、贫困户、残疾人户453户，共计6 754户家庭增收致富，2020年将累计帮助超10 000户家庭脱贫增收。

(二) 提供就业岗位

安化华晟生物能源有限责任公司（简称华晟生物）是一家生物质发电能源企业，主要通过提供就业岗位帮助贫困户脱贫致富。其中生物质能热电联产项目为安化生物科技产业园项目的重要组成部分，是安化县首个生物质发电厂，在电厂的建设期与运行期内，可创造多个长期就业岗位，其中运行期预计可直接解决42人就业，年人均收入50 000元，发电所需大量农业废弃物原料处理工作可提供间接就业200人左右。

(三) 扶贫先扶智、扶志

新宁县龙丰果业有限责任公司（简称龙丰果业）是一家集水果初加工、水果贸易以及水果种植于一体的农业企业，通过集中低价提供生产资料、集中收购农户产品、免费提供交易平台等多种方式将建档立卡贫困户与企业紧密联系起来，帮助建档立卡贫困户脱贫致富。在与其签订协议的各个农户所在村镇，龙丰果业有常驻技术人员，技术人员负责对农户进行技术培训及宣讲，包括果树培育、有机肥配方、病虫害防治、土壤改良等，保障了农户种植果树的质量和水果产量，提升了当地农户的经营性收入。通过上述方式，龙丰果业已直接帮扶建档立卡贫困户约 300 户。

（四）资产收益扶贫

龙丰果业主要通过分贷统还的形式带动当地贫困户，其主要的运行方式是由当地的贫困户向新宁县农商行借贷国家扶贫贴息贷款资金，投资于龙丰果业的脐橙种植产业，在期满后由龙丰果业全额偿付投资本金，同时龙丰果业每年向贫困农户提供保底固定利率 10％的分红。分贷统还起到了一举两得的作用，在支持当地龙头企业发展的同时，助力贫困人口脱贫致富。

<table>
<tr><td>案例七</td></tr>
</table>

案例七 **江苏益客食品集团股份有限公司**

一、投资背景

我国贫困人口目前基本集中在农村区域，推进农村一、二、三产业融合将有效整合贫困地区资源，带动贫困人口脱贫致富。其中，因地制宜发展现代畜禽养殖业，不仅符合当地贫困人口养殖传统，还可集约化使用贫困地区资源，减少粗放养殖模式对环境产生的压力，并可运用大数据、云计算等技术，改进农业生产经营效率，带动贫困地区农业实现跨越式发展的同时，充盈养殖户口袋。

2017年，江苏益客食品集团股份有限公司（简称益客集团）多次与基金管理公司沟通，介绍了公司业务情况及产业扶贫模式，并表示计划在贫困地区开拓毛鸭采购渠道。为助力贫困地区脱贫攻坚，依托优势龙头企业，加快农业产业化步伐，加强扶贫造血能力，建立与贫困农户的利益联结机制，实践"基金＋产业龙头＋贫困地区资源＋贫困户"的产业扶贫模式，基金管理公司决定向益客集团增资，为其提供资金支持。

二、企业简介

益客集团成立于 2008 年 8 月 7 日，注册资本 4.04 亿元，是一家集种禽（种鸡、种鸭）养殖与孵化、饲料研发及生产、禽肉分割与深加工、调理品研发与生产、熟食生产与商业连锁为一体的产业链型农牧食品企业。益客集团已覆盖江苏、山东、河北三大区域，基本涵盖了产业链所有环节。益客集团设有 60 余处科研和生产基地，系农业部认定的"农业农村大数据实践案例" 38 项之一，曾获得中国农业物联网和大数据最佳实践奖；拥有国家水禽产业技术体系宿迁试验站中心基地。

益客集团饲料年产能 75 万吨，拥有熟食连锁店 500 余家、屠宰公司18 家，2019 年加工肉禽 4.7 亿羽，其中肉鸭约 3 亿羽，肉鸡约 1.7 亿羽，是我国肉鸭行业领军企业，也是周黑鸭、绝味、海底捞、双汇、麦当劳、

来伊份、百草味等知名企业的核心供应商，肯德基鸭肉产品唯一供应商。

三、资金使用情况

2017 年 12 月 8 日，央企扶贫基金投资 1.5 亿元，成为益客集团股东。益客集团按照相关协议要求，为上述增资款设立了专项账户。资金主要用于山东鄄城生态肉鸭基地项目、山东郓城肉鸭基地项目、河北威县生态养殖培育项目及其他位于贫困县的项目进行原料收购，保障养殖户现金流。基金的投资为益客集团在上述区域扩大原料基地规模，增加养殖体量，提高公司毛鸡鸭原料采购的质量与数量提供了强有力的保障。

四、企业扶贫模式和效果

（一）直接生产带动

益客集团成立专业养殖服务团队，将小规模、分散、养殖技术薄弱的养殖户集中管理，为养殖户提供"八统一管理"和"三上门服务"（即"统一育雏、统一供料、统一供药、统一防疫、统一回收、统一选址、统一设计、统一建设"，"上门送苗、送料，上门技术指导，上门回收"），通过"企业＋基地＋农户"的形式带动农户发展生态养殖业。

为切实保护养殖户收益，益客集团与养殖业主签订保护价合同，以毛鸡回收为例，公司提供全保或定额保政策，即进苗时与公司签订收购合同，出栏时，若市场价格高于合同价格，则以市场价格进行收购，若市场价格低于合同价格，则以合同价格收购，切实保障养殖户的切身利益，降低养殖户风险。另外，益客集团采取"企业让利，保底保收"的方式，保障贫困户收益，在鸡苗和鸭苗长成之后以合同约定价格向养殖户收购毛鸡和毛鸭，公司回收合同鸭只数按双方签订合同数量的 95％计算，超出部分按照当日当地市场价格收购，通过"低算高收"的方式给予养殖农户更大的优惠，体现"公司让利，农户增收"的扶贫思路。

以毛鸭养殖为例，万只养殖规模的鸭舍，每年可养殖 6～7 批，养殖毛利在 5 万元左右。2018 年，益客集团带领养殖农户共计 3 000 余户增收致富，其中 80% 来自贫困地区。

（二）提供就业岗位

益客集团带动当地贫困户就业成效显著，作为江苏宿迁市和山东新泰市最大的产业链型农牧食品企业，公司的各个加工厂基本上都开设在乡镇，为附近区域村镇居民提供了大量就业机会。其中在江苏区域提供了约 5 000 个就业岗位，在山东区域提供了约 8 000 个就业岗位，安置建档立卡贫困人口约 366 人，人均月薪 3 500 元，真正实现了"一人就业，全家脱贫"的目标。另外，益客集团发挥就业主渠道作用，每年定向设置贫困户就业岗位 300 个，采取"用工招收一批、附属业务使用一批、新上帮扶项目安置一批、向上下游企业推荐一批"的扶贫方式，帮扶贫困户及其子女或亲属就业。

（三）扶贫先扶智、扶志

益客集团建设有工学院、商学院、云禽学院三大学院，为每一位员工提供再教育的机会。工学院注重培养员工的劳动技能，主要培养员工学习机器、产品、工业流程等方面的技能，增加自己的就业竞争力；商学院注重培养后继经理人、管理层人员，学习管理、金融等方面的知识，拓展自身技能；云禽学院培养员工线上、线下的养殖技能，进行技术和管理技能双培训，面向全社会招收学生，采用全免费方式，进行流动课堂教育。益客集团开设的三大学院对当地再教育贡献较大，极大增加了贫困户的就业竞争力。

（四）资产收益带动

公司、金融机构和贫困户共同开展生态肉禽养殖基地建设，主要采用公司完成养殖基地土建工程，由公司作为担保方，金融机构贷款给贫困户购买养殖笼具和其他养殖设备。在养殖过程中，公司提供全程的建设方案和设备安装调试工作，并提供最新的养殖软件系统，打造智慧立体笼养模式。该模式不仅可以提高养殖效率、增加养殖批次，而且可以解决养殖污染问题，确保养殖硬件设施和软件配套的先进性，为养殖户在未来 5 年保证持续赢利打下坚实基础。截至 2018 年底，公司在新泰、平邑、菏泽、苏北等贫困区域投入 1.2 亿元投资建设养殖基地，在新泰地区投入 1 600 万元购买养殖设备，共帮助约 150 户养殖户养殖脱贫。

(五) 间接带动扶贫

益客集团采用立体养殖模式，将种养有机结合，采用田园综合体的养殖化思路，将产业定位在"有机、绿色"的发展方向上，改革以往污染环境破坏生态的养殖模式，采用立体养殖和机械化操作，实现全自动化流水线消毒和清洁，传送带运输废弃物，生物废料循环再利用。益客集团的养殖模式使得养殖废料和排泄物在第一时间被机械化排出，输送到沼气池发酵，形成效能良好的有机肥，有机肥再和周围种植的粮食作物相呼应，滋养作物生长，促进粮食增产增收，粮食作物又为养殖提供食物原材料，形成了生态循环系统。同时，企业发展带动排水和饮水系统再造，优化住宅环境，为贫困地区完善基础设施建设。

案例八　江西杨氏果业股份有限公司

一、投资背景

　　我国是农业大国，农业是国民经济发展的基础，直接关系到国计民生。2019 年中央一号文件指出：支持县域发展农产品精深加工，建成一批农产品专业村镇和加工强县；培育农业产业化龙头企业和联合体，推进现代农业产业园、农村产业融合发展示范园、农业产业强镇建设。健全农村一、二、三产业融合发展利益联结机制，让农民更多分享产业增值收益。近年来，农产品加工业已成为产业关联度高、行业覆盖面广、带动作用强的战略性支柱产业和重要的民生产业，发展农产品加工业成为带动贫困人口就业、促进贫困人口脱贫增收的有效手段。

　　江西杨氏果业股份有限公司（简称杨氏果业）以柑橘收购、加工和存储、销售为主营业务，注册地位于江西省赣州市寻乌县，是一家发展于贫困地区、业务与贫困地区特色资源紧密结合、带动产业脱贫效果明显的龙头企业。工厂和基地分别位于江西赣州市寻乌县、湖南常德市石门县、广西贺州市富川县、广东河源市连平县、四川阆中市和广元市苍溪县，均为革命老区县或国家级贫困县，涉及建档立卡贫困人口 18.11 万。

为助力贫困地区脱贫攻坚，依托优势龙头企业，结合当地资源特征，加快当地农业产业化步伐，加强扶贫造血能力，建立与贫困农户的利益联结机制，实践"基金＋产业龙头＋贫困地区资源＋贫困户"的产业扶贫模式，基金决定向杨氏果业增资，为其提供资金支持，助力其在贫困地区的产业发展。

二、企业简介

杨氏果业成立于 2004 年，是一家集水果种植、加工、精品水果贸易于一体的现代化新型农业企业，主要产品有鲜橙、鲜柑和其他优质水果（荔枝、芒果、香蕉、猕猴桃、葡萄等），是我国最大的柑橘类水果供应商，加工能力亚洲第一，仓储能力全国第一。杨氏果业一直秉承着"品牌化、专业化、标准化、规模化、差异化、工业化、产业化"的经营理念，诚信经营 30 多年，现已涵盖鲜果种植、商品化处理、加工包装及多渠道销售等水果全产业链领域，通过吸取国际先进农产品产后加工、种植的技术和管

理模式，总结多年鲜果经营管理经验，建立了一套可复制、适合中国国情、具有全球视野的鲜果价值链管理体系。

目前，杨氏果业的产业布局覆盖了我国主要的柑橘产业带，合计加工能力达到 400 吨/小时，有效储存能力 8 万吨。近年来，杨氏果业利用资本市场促实体经营，努力实现跨越式发展，2016 年 6 月，杨氏果业在"新三板"挂牌。

三、资金使用情况

央企扶贫基金于 2017 年 9 月向杨氏果业投资 1.5 亿元，资金主要用于采购贫困地区鲜果以及四川公司基地和湖南公司基地建设。四川公司目前在四川省阆中市洪山镇、河溪镇、宝马镇、金垭镇、石龙乡、朱镇等地通过以村集中土地流转方式，取得项目区 2.1 万亩土地的承包经营权 30 年，实施标准化改良土壤，建成 2.1 万亩专业化、规模化、标准化、差异化、现代化的优质水果生产示范基地。湖南公司通过以村集中土地流转的方式，取得项目区 5 769.84 亩农户土地的承包经营权。

四、企业扶贫模式和效果

（一）直接生产带动

杨氏果业通过"公司＋农户""公司＋合作社"的模式，与合作社、果农签订合作协议，果农负责按技术规程及追溯体系要求进行生产，杨氏果业为果农提供产前、产中、产后系列化服务，确保产品安全、优质、可追溯，并与水果种植户建立稳定的利益联结机制，产品由杨氏果业以略高于市价收购，解决了果农种果的销路问题。经统计，2016 年合同联结带动农户 8 994 户，通过合作社带动农户 4 947 户，2017 年合同联结带动农户 9 734 户，通过合作社带动农户 4 877 户，两年共为贫困农户增收 3 940 万元，户均增收 5 069 元，对带动农户增收、帮助贫困地区脱贫及推动我国柑橘产业的健康发展发挥了积极作用。

（二）提供就业岗位

杨氏果业在贫困地区建设种植基地和水果商品化处理加工厂，并优先安排有劳动能力的建档立卡贫困人口到基地、工厂务工，在扩大水果贸易的同时增加贫困户就业和贫困地区财政收入。据统计，杨氏果业平均每年直接或间接为贫困地区农户提供 500 个以上的适农岗位，2016 年到 2017年，共招聘贫困务工人员 192 人，开展贫困户种植技术培训 1 579 人次。

（三）资产收益带动

杨氏果业在贫困地区发展自有种植基地，流转了当地农民的大量土地，目前已经在四川南充、广元流转土地 2.1 万多亩，未来计划在阆中、南充、湖南等地流转超 20 万亩土地，发展连片现代化鲜果种植基地，所涉农户年均收入将提高 2 000 元以上。

案例九　牧原食品股份有限公司

一、投资背景

生猪养殖行业属于国家重点扶持行业，政策支持力度大，中国生猪的生产量及消费量在世界生产量和消费量中的占比均在一半以上，但我国生猪养殖长期以散养为主，大规模一体化养殖比例较低。近年来，在我国政府大力扶持和推动下，中国的生猪养殖业正在从传统的低水平散养模式，转轨到集约化、机械化、自动化、标准化、信息化的规模生产方式上来。小型养殖企业不断退出、持续减少，大型企业不断增加、规模持续增长，且呈现加速转变的趋势，规模化生猪养殖拥有广阔的发展前景。

牧原食品股份有限公司（简称牧原股份）抓住国家政策机遇，积极在国家政策鼓励区域布局子公司，借助公司"自育自繁自养一体化"生产模式，开展标准化、规模化、集约化经营。牧原股份通过现代化的养殖模式，组织和调度贫困地区资源，打造高效协同的养殖产业链，促进贫困地区农业经济朝规模化、现代化方向发展，带动贫困地区人口直接或间接就业，增加区域经济防控风险能力的同时，提升贫困地区人口收入的稳定性。

2018 年 4 月起，牧原股份与基金管理公司多次商谈，介绍了其业务情况以及在扶贫方面所做的工作，并计划于 2018 年在 8 省 25 个贫困县建设生猪养殖基地，通过其产业带动能力，加快农业产业化步伐，加强贫困地区扶贫造血能力，助力脱贫攻坚。经多轮协商后，央企扶贫基金、贫困地区产业发展基金与牧原股份签署投资协议，共同支持牧原股份在贫困地区投资建设生猪养殖基地。

二、公司简介

牧原股份始建于 1992 年，2014 年在深圳证券交易所上市（股票代码：002714），市值超 2 700 亿元，是集约化养殖规模居全国前列的大型农业产业化国家重点龙头企业。历经 20 多年的发展和积累，牧原股份已形成了集科研、饲料加工、生猪育种、种猪繁育、商品猪饲养等多个环节于一体的完整生猪产业链。牧原股份 2019 年出栏生猪 1 025 万头，是国内较大的生猪育种、养殖企业。

目前，牧原股份在河南、湖北、山东、山西、陕西、安徽、河北、江苏、辽宁等 22 个省成立了 190 家全资及控股子公司。通过与山东龙大集团合资设立高档肉食品加工厂河南龙大牧原肉食品有限公司，介入下游生猪屠宰行业。2019 年以来，公司成立了 10 家屠宰类子公司，打开了育、繁、养、宰、销一体化战略发展新局面。

三、资金使用情况

2018 年 9 月，央企扶贫基金、贫困地区产业发展基金与牧原股份正式签署投资协议，于 2018 年 9 月 26 日完成南阳市牧原贫困地区畜牧业发展

有限公司（简称牧原发展）工商注册，注册资本 267 000 万元（央企扶贫基金出资 50 000 万元，贫困地区产业发展基金出资 30 000 万元，牧原股份出资 187 000 万元）。三方旨在围绕生猪养殖等适合贫困地区资源条件、有利于贫困地区经济发展的行业进行战略合作，促进贫困地区产业发展，帮助贫困地区早日脱贫。

四、企业扶贫模式和效果

（一）直接生产带动

牧原股份始终坚定提升政治站位和责任意识，秉承"四个坚持"（坚持听党话、跟党走、以人民为中心的政治立场；坚持企业"创造价值，服务社会"的核心价值观；坚持"三农"企业服务"三农"的根本观念；坚持扶贫与扶志、扶智，供血与造血有机结合的有效方法），充分发挥龙头企业带动效应，主动投身脱贫攻坚主战场，不断探索和开展扶贫工作。参与开创了"5+"扶贫模式，即"政府＋银行＋龙头企业＋合作社＋贫困户"的资产收益扶贫新模式：贫困户通过获取金融资源，与优势企业合作形成资产，同时以企业和政府增信形成有效风险隔离，从而使贫困户稳定分享优势企业成长的红利。

"5+"扶贫模式由政府组织建档立卡贫困户入股成立合作社，政府和牧原股份提供担保增信，贫困户向国家开发银行或农信社等金融机构申请扶贫贷款，交由合作社建设猪舍，企业租赁猪舍养猪，并负责最终还本付息，保证建档立卡贫困户每年获得稳定资产分红不低于3 200元/户，承诺连续收益10年。截至2019年12月31日，"5+"模式已推广至黑龙江、安徽等12个省49个县（区），精准发力，带动139 827户建档立卡贫困户逐步实现脱贫。

牧原股份在做好扶贫工作的同时，积极发挥产业优势，通过给予上下游客户优先采购和供应链金融扶持的方式，带动上下游客户积极投身扶贫事业，打造扶贫生态，让更多企业参与扶贫事业，形成全社会更大范围的扶贫合力。

（二）提供就业岗位

牧原股份通过在各地建设生猪养殖场，累计共带动贫困县用工2万余名，年人均收入4万元左右。此外，牧原股份持续举办就业扶贫专场招聘会，吸纳安排建档立卡贫困人口1 024人就业，真正做到"一人就业，全家脱贫"，并对有意愿进入公司工作的贫困户家庭大学毕业生开启免面试绿色通道，优先安排就业。

（三）扶贫先扶智、扶志

牧原股份坚定把脱贫攻坚与主业紧密结合，除优先选择并加大在国家级、省级贫困县的投资力度外，还在企业内部成立专职专责的扶贫办，发挥龙头企业的产业优势以及全国布局的资源优势，紧紧依托养殖产业开展"3+N""5+"扶贫模式。对贫困户进行多层次、立体化、全覆盖帮扶，将贫困户纳入养殖产业链中，扶贫并扶志，改变"等靠要"思想，激发贫困户内生动力，让贫困户通过自己的劳动脱贫致富。

多年来，牧原股份坚持支持教育发展，以扶持社区教育事业建设为己任，多年来，累计资助贫困大学生17 245名，中小学生163 780人次，奖励优秀农村教师 6 403 人次。

　　2018 年 3 月，牧原股份获得"2017 年度财新资本市场成就奖·中国上市公司扶贫攻坚特别奖"；2018 年 9 月，牧原股份获评"2018 河南民营企业社会责任 100 强"（省级）；2018 年 11 月，牧原股份获评"金智奖"2018 年度中国上市公司精准扶贫创新案例；2018 年 12 月，牧原股份获评"企业扶贫优秀案例"，入选《企业扶贫蓝皮书（2018）》。

案例十　重庆帮豪种业股份有限公司

一、投资背景

　　种子行业位于整个农业产业链的起点，是提高农业综合生产能力、增加农民收入、确保粮食安全和食品安全的基础型、战略性产业。近年来，国家出台了一系列政策和办法大力支持种业的健康发展，其中，通过扶持龙头企业做大做强从而促进行业不断规范是重要的政策导向之一。在上述背景下，规范经营、实力雄厚的"育繁推"一体化种业公司将面临广阔的市场空间和较好的发展机遇，具有很高的投资价值。

　　重庆帮豪种业股份有限公司（简称帮豪种业）主营业务为玉米、水稻

种子的研发、生产和销售，是农业产业最上游企业，位于重庆市云阳县。云阳县属于秦巴山连片特困地区片区县、国家级贫困县。帮豪种业凭借先进的农业作物种子生产技术，为重庆市乃至全国各地的广大农民提供了优良的种子和技术支持。此外，帮豪种业经营规范、主要产品竞争力强、研发和销售能力突出。

为助力贫困地区脱贫攻坚，依托优势龙头企业，结合当地资源特征，加快当地农业产业化步伐，加强扶贫造血能力，建立与贫困农户的利益联结机制，实践"基金＋产业龙头＋贫困地区资源＋贫困户"的产业扶贫模式，贫困地区产业发展基金决定投资帮豪种业，为其提供资金支持，助力其在贫困地区的产业扶贫。

二、企业简介

帮豪种业成立于2008年，是一家集科研、繁育、生产、加工、推广为一体的种业科技企业，主营业务为杂交水稻和杂交玉米等大田作物良种培育和销售，并成功拓展到青贮玉米、鲜食玉米等细分领域的种子研发和培育。经过多年发展，帮豪种业注册资金达到 1.2 亿元，并于 2015 年 6 月 8 日在全国中小企业股份转让系统成功挂牌（股票代码：832563），也是西南地区第一家"新三板"挂牌同时定增并做市的种业公司。

帮豪种业旗下拥有 5 家全资子公司、1 家控股公司。历经十多年发展，帮豪种业已跃升成为西南区域的种业黑马，屡获殊荣。经过多年不断积累，公司总资产达到 4.2 亿元，2017 年在全国上市种业公司综合排名中进入前 20。

三、资金使用情况

2015 年，贫困地区产业发展基金作为帮豪种业战略投资人，正式向其注资 3 000 万元，资金主要用于帮豪种业标准化办公及加工能力建设、科研投入、销售网络投入。自此，贫困地区产业发展基金成为帮豪种业第三大股东，共同推动贫困地区产业发展，带动贫困人口脱贫。

四、企业扶贫模式和效果

（一）直接生产带动

帮豪种业通过直接生产带动贫困人口增加收入，一方面销售优质种子和开展技术指导帮助农民提高粮食产量和销售收入，另一方面实施订单农业，组织安排农民进行农产品生产，并负责定向回购，降低农户销售风险的同时增加其收入。订单农业可以达到定向管控、质量把控的目的，适应市场需要的同时避免了盲目生产，规避了风险。2017 年，帮豪种业实现"繁优 609"水稻种子订单销售 454 645 公斤，毛利 1 203.4 万元，覆盖了 155 户建档立卡贫困户，共计 465 人。

（二）提供就业岗位

帮豪种业为尽可能增加贫困人口收入，在就业方面优先考虑雇用贫困人口，为当地贫困人口提供了大量就业岗位。比如分拣岗位、包装岗位等，还有大量临时性工作岗位，解决了部分贫困人口的就近务工问题，使其既可以种地，照顾家庭，又可以在农闲时获得打工收入。帮豪种业的良好发展也吸引了一些外出务工者返乡就业，一定程度上改善了留守儿童和空巢老人的现象。

2017 年，帮豪种业共计支出工资总额（含临时工）736.19 万元。此外，帮豪种业在云阳建立了集烘干、精选、分级、包衣、分装于一体的加工系统，在制种忙季大量雇用工人负责分拣、包装、搬运等。帮豪种业均优先考虑贫困户，且支付高于当地平均工资水平的报酬。

（三）资产收益带动

帮豪种业通过流转农户土地、支付土地租金来增加农户收入。帮豪种业在海南陵水流转土地共计 680 亩，在云南楚雄流转土地共计 2 700 亩，在重庆云阳流转土地 140 亩。涉及贫困户的土地流转面积约为 1 500 亩，涉及建档立卡贫困户约 1 050 户。根据各地的土地流转市场价格，平均农户每亩土地收益为 1 600 元/年，帮豪种业进行土地流转累计为贫困户带来的收益为 168 万元/年，一方面为农户提供了稳定的土地租金收入，另一方面将农民从土地上解放出来，从事其他生产活动获得工资性收入。

（四）扶贫先扶智、扶志

2017 年帮豪种业为云阳县红狮、凤鸣、宝坪、龙角等 20 个乡镇免费发放优质玉米、水稻种子 3.8 万公斤。2018 年帮豪种业免费为红狮镇梅柏、向阳等村无偿提供 4 000 余公斤优质玉米、水稻种子，惠及农户 4 000 户，户均增收 200 元以上。

帮豪种业不仅授人以鱼，而且授人以渔，公司按照农事季节分批召开技术培训会，为农户普及科学种植知识。帮豪种业累计召开培训会 40 余次，培训超 6 000 余人次，印发宣传资料 2 万余份，惠及农户 8 000 余户，户均增收达 500 元以上。

（五）对口帮扶

2016 年，帮豪种业与重庆市彭水县签订《种粮高产创建扶贫协议书》，无偿为协议书中的指定贫困区域（桑拓镇、高谷镇、万足镇、龙溪镇、大

同镇、诸佛乡、善感乡、三义乡、双龙乡、石盘乡、桐楼乡、岩东乡）提供价值 200 万元、共计 10 万公斤的"帮豪玉 108"玉米种，并进行技术指导，督促彭水县农业技术推广中心做好种子发放工作，达到种粮高产目的，惠及约 124 800 个种粮户，户均增收 1 975 元。

案例十一　中央企业贫困地区河南产业投资基金（有限合伙）

一、投资背景

河南地处中原，地跨秦巴山、大别山两大集中连片特困地区，是制约中部崛起的主要区域。在河南省设立央企扶贫子基金，有利于央企扶贫基

金探索不同特点贫困地区的产业扶贫模式，树立央企扶贫品牌，扩大央企影响，符合中央帮扶贫困地区脱贫的要求。

中央企业贫困地区河南产业投资基金（有限合伙）（简称河南子基金）的设立，是央企扶贫基金适应扶贫攻坚紧迫形势，按照市场化运作方式，在控制投资风险的前提下，通过与地方省级投融资平台合作加快投资进度，引导社会资源共同精准支持贫困地区产业发展的新探索，有力支持了当地特色优势产业的发展。

二、基金简介

河南子基金是央企扶贫基金设立的第二支子基金，总规模 5 亿元；其中，央企扶贫基金认缴出资 4 亿元，认缴出资比例为 80%，河南农开产业投资基金有限责任公司认缴出资 9 500 万元，认缴出资比例为 19%，管理人河南中原联创投资基金管理有限公司认缴出资 500 万元，认缴出资比例 1%。

三、资金使用情况

截至目前，河南子基金共完成投资决策项目 7 个，完成投资金额 3.025 亿元，具体信息如表 6 - 2 所示。

表 6 - 2　　　　　　河南子基金投资情况信息表

序号	项目名称	基金投资金额（万元）	总投资额（万元）	"新三板"挂牌代码
1	河南民正农牧股份有限公司	5 120	6 400	832 132
2	卢氏豫西大峡谷旅游开发有限公司	2 800	3 500	—
3	洛宁超越农业有限公司	4 000	5 000	—
4	宜阳县新大种猪育种有限公司	4 000	5 000	—
5	河南全宇制药股份有限公司	3 080	3 850	832 205
6	河南丰源和普农牧有限公司	2 400	3 000	—
7	佳诺成集团股份有限公司	2 800	3 500	—
合计		24 200	30 250	

四、基金扶贫模式和效果

(一) 因地制宜，变资源为效益

卢氏豫西大峡谷旅游开发有限公司（简称豫西大峡谷）所在地卢氏县位于豫西山区，面积大、耕地少，经济结构单一，依托城镇规模较小且距离远，农民脱贫致富十分困难。

豫西大峡谷积极带领周边村民发展旅游服务业，吸纳当地村民参与景区建设，引导村民发展乡村旅游。此外，利用卢氏丰富的"天然药库"优势资源，在新坪村建设中药材核心示范基地，采取"公司＋专业合作社＋种植基地＋农户"的方式，实现土地集约化、农民职业化、种植特色化、销售网络化运作，把旅游观光、养生体验、农业休闲有机结合起来。

2017年，豫西大峡谷景区被评为河南省旅游扶贫工作先进单位，通过生态停车场的建设，把日均2 800名游客引导至北坪地区，直接带动景区所在地的新坪村北坪组、南坪组、寺上组的群众388人及65户深山扶贫搬

迁户，就近开办农家宾馆和特色餐厅、生态养殖等旅游服务项目。豫西大峡谷景区还引导村民发展服务景区的观赏型无公害蔬菜、山野菜种植，向游客提供吃、住、行、游玩、购物、娱乐一条龙服务，引导十里沟、庄科沟、河沟等村民发展以"卢氏鸡"为主的土鸡、土蜂、山羊、土猪等特色养殖；同时还加强村民的精神文明教育，定期组织群众进行文明用语、礼仪规范培训，积极引导组织群众实行民主管理，促进乡风文明。

通过发展旅游业，农村产业结构实现了优化，富余劳动力找到了就业机会，村容村貌和生活环境得到了改善，农村文明程度大幅提升，农民的口袋更是日渐丰盈。目前，豫西大峡谷景区基础设施的建设对新坪村脱贫致富的带动已初见成效，随着基础设施的投入使用，旺季日接待游客可达12 000人次，带动新坪村全部的1 210名贫困村民脱贫致富，并间接带动周边约800名贫困村民脱贫致富。

（二）产业发展，带动本质脱贫

河南民正农牧股份有限公司（简称民正农牧）是一家生猪养殖企业，2015年挂牌"新三板"。该企业按照"公司＋基地＋贫困户"的产业扶贫模式，带动贫困户脱贫致富。主要措施有：

一是与贫困户签订代养协议，由贫困户承包猪舍养殖，企业对贫困户实行"六统一管理"（即统一建造标准猪舍、统一提供育猪仔、统一供应饲料、统一技术指导、统一防疫和统一销售），所有风险由企业承担，企业保证贫困户全年保底收益6万元。

二是利用国家对贫困户的扶贫贷款政策，贷款2 000万元扶贫资金，政府贴息100万元扩大生产规模，通过安排贫困群众在民正农牧实现就业和获得分红等方式，带动102户376名贫困群众年人均增收3 000元以上，实现了两个自然村整村脱贫。

（三）提供就业，实现劳动致富

随着景区的不断发展，豫西大峡谷2019年共计从新征地村民中招用景区正式工作人员45人，从事卫生保洁、护漂员、中草药管理及绿化等工作，月工资最低1 950元。在工程建设及其他临时性工作中，大量聘用当地村民，按照每天 60～100 元支付工资，使当地人均年收入实现了跨越式发展。

民正农牧也积极为贫困户提供工作岗位，吸纳贫困群众到企业务工，实现稳定增收。截至目前，已带动 27 名建档立卡贫困户脱贫致富，每人年均增收 2.4 万元以上。

案例十二　云南铜业股份有限公司

一、投资背景

楚雄市位于云贵高原中部，属于国家级贫困地区，2014 年统计数据显示，楚雄市建档立卡贫困户 8 790 户，共 34 130 人，非建档立卡贫困户 7 247 户，共 281 202 人，贫困发生率约 6%。

迪庆藏族自治州位于云南省西北部，为滇、藏、川三省区交界处，属于深度贫困地区。2014 年统计数据显示，迪庆州贫困人口 11.58 万，贫困

发生率 36.38%。截至 2017 年，全州现有建档立卡贫困户 16 274 户，共
60 971 人，贫困发生率约 15%。

　　普朗铜矿是云南迪庆有色金属有限责任公司（简称迪庆有色）的核心
资产，位于迪庆州香格里拉市格咱乡，海拔 3 450~4 500 米，属多金属超
大型矿山。普朗铜矿是中国在建规模最大的地下铜矿，同时也是全球最大
的 100 座铜矿之一，项目总投资约 60 亿元，是国家"十二五"支持云南藏
区经济社会发展重点建设项目，也是国家矿产资源保障重大工程项目，得
到云南省、中铝集团、云铜集团高度重视，承载着建设中国最具竞争力一
流铜矿的使命。

　　项目投资前，普朗铜矿还处于建设及试运营阶段，对资金有着较大
需求。普朗铜矿建成后将从税收、就业、产业发展及公益帮扶等多个方
面支持云南深度贫困地区的发展。经过反复沟通，央企扶贫基金最终决
定在保证资金专户管理、定向支持贫困地区的基础上，通过资本市场，
参与云南铜业定增，支持普朗铜矿及楚雄滇中有色金属有限责任公司的
发展。

二、企业简介

云南铜业股份有限公司（简称云南铜业）成立于1998年，是中国有色金属冶炼及加工的大型骨干企业，主要产品有电解铜、硫酸、铁精矿、贵金属等。云南铜业还回收铅、锌以及铋、硒、铂、钯等多种有色金属和稀贵金属。公司主要产品"铁峰"牌高纯阴极铜曾先后荣获"全国用户满意产品"、"中国名牌产品"称号和国家银质奖，并在上海有色金属交易所注册交易，1998年3月又在英国伦敦金属交易所注册成功。云南铜业主产品在国内外铜市场享有较高的声誉，产销率一直保持100%，处于行业前三水平。

三、资金使用情况

央企扶贫基金投资5亿元助力云南铜业发展壮大，其中3.5亿元用于普朗铜矿的开发利用，1.5亿元用于楚雄滇中有色金属有限责任公司的生产建设投入及经营性支出等。

四、企业扶贫模式和效果

（一）提供就业岗位

2015 年以来，云南铜业共招收了 51 名建档立卡贫困户到云南铜业工作。截至目前，云南铜业在贫困地区全职就业超过 2 000 人，其中迪庆有色共有迪庆州籍职工 220 人，其中香格里拉籍职工 190 人，格咱乡籍职工 62 人。

（二）增加地方税收

税收贡献是云南铜业最为显著的扶贫成效之一，近 10 年来云南铜业年均贡献表内税收约 10 亿元，特别是铜行业景气周期时，提供的税收年均能达到 14 亿元。目前已完成控股的迪庆有色，为云南省藏区提供年均税收超过 3 亿元。

（三）定点帮扶

2015 年以来，迪庆有色积极参加迪庆州"千名干部下基层，促进美丽迪庆建设""挂包帮、转走访"等精准扶贫专项活动，派出 3 名专职工作队员到羊拉乡驻村扶贫，派出 1 名专职工作队员到浪都、2 名专职工作队员到格咱乡开展精准扶贫，在挂包村基础设施建设、产业发展、劳动就业等领域都开展了力所能及的工作。

（四）完善基础设施建设

道路、环保、安全、卫生、教育等基础设施薄弱是贫困地区落后的重要原因之一，云南铜业分别向云南、内蒙古、四川等贫困地区进行基础设施建设投入。云南铜业在贫困地区的基础设施建设投入，不仅能配套支持云南铜业基础设施建设保障，也为贫困地区提供了便利，为贫困地区的发展提供了坚实的基础。

案例十三　中广核创益风力发电（北京）有限公司

一、投资背景

风能和太阳能之所以能够全面替代传统化石能源，关键在于其利用过程的绿色、清洁。此外，风电和太阳能在拉动投资、带动就业、扶贫及促进社会公平等方面也发挥了积极作用，环境效益和社会效益已成为发展风电、光伏的重要推动力。

中国可再生能源学会风能专业委员会发布的《能源转型加速度：中国风电光伏发电的协同效益》报告显示，仅 2015 年，我国的风光发电量就可替代近 6 000 万吨标准煤，风光发电拉动投资约 3 999 亿元，带动直接和间接就业人口分别为 45 万、120 万。

为助力贫困地区脱贫攻坚，结合当地资源特征，紧跟国家发展战略，

央企扶贫基金决定与中广核风电有限公司签订合作协议，约定双方以现金及资产对价方式新设成立中广核创益风力发电（北京）有限公司（简称中广核创益风电公司），通过风光发电业务带动贫困地区发展。

二、企业简介

中广核风电有限公司成立于 2010 年，主营业务为风力发电项目的投资、开发、建设、管理，风电产品、设备及零部件的销售，提供风电项目的技术咨询、技术服务、技术转让等，是中国开展风光发电业务的龙头企业。

中广核创益风电公司成立于 2018 年 9 月 12 日，注册资本 233 339 万元，属于清洁能源行业，主营业务为风力及光伏发电。2018 年底，公司总资产为 42.2 亿元，2018 年营业收入为 4.01 亿元，净利润为 0.77 亿元。

三、资金使用情况

中广核创益风电公司主要在 6 个省 8 个县建设 11 个风力及光伏发电项目，项目总投资 80.58 亿元，其中 7 个新建项目截至 2019 年 12 月已投资

45.66亿元（四川剑阁摇铃项目7.09亿元、四川古蔺德耀项目3.54亿元、吉林白城项目11.27亿元、江西赣州高峰山一期项目和高峰山二期项目共6.88亿元、河北张家口尚义一期二期三期项目共16.88亿元）。

四、企业扶贫模式和效果

（一）提供就业岗位

根据经营管理需要，各风电场全部达产后可新增104个就业岗位，其中生产运维、机组维护等关键岗位69人，人均年收入约12万元，保洁、保安等辅助岗位35人，人均年收入约4万元。除主要管理人员、核心技术骨干外，其余员工均在项目所在地招聘，原则上优先培训、聘用建档立卡贫困户。此外，在项目运营期间，周边农户可提供餐饮、物流、住宿、光伏板清洁等服务内容，预计可间接带动100余人就业。

（二）增加地方税收

中广核创益风电公司作为中央企业中广核集团三级控股子公司，据测算，2018—2025年基金投资期间，中广核创益风电公司在各项目所在地缴纳各项税费可达 6.22 亿元，为贫困地区送去多座搬不走的"银行"。

（三）定向捐赠

各项目达产后，每年将向所在县扶贫办捐赠 30 万～100 万元，定向扶持建档立卡贫困户中部分失能、残疾等无劳动能力者，预计全部达产后年捐赠额为 600 万元，投资期间捐赠总额约 3 560 万元。按 3 500 元/人的捐赠标准计算，每年可使 1 714 名无劳动能力贫困人口脱贫，共计可支持兜底扶弱 10 171 人次。

（四）完善基础设施建设，促进当地绿色发展

中广核创益风电公司通过项目直接投资在贫困县新增形成 60.73 亿元固定资产，新改建道路 240 公里，新建输电线路 170 公里，配套的道路和输电线路总投资约 3.03 亿元，极大改善了贫困地区的基础设施建设。此外，既有和新建的风力发电、光伏发电项目皆属于清洁电源项目，待项目全部达产后，总装机容量可达 126.88 万千瓦，2018—2025 年共可并网 166.612 亿度电，可节约标准煤约 583.1 万吨，减少二氧化碳排放 958.1 万吨，减少灰渣排放 157.4 万吨，减少二氧化硫排放 7.7 万吨，并可节约淡水 3 732.1 万立方米。

案例十四　中国供销农产品批发市场控股有限公司

一、投资背景

习近平总书记 2018 年 4 月在主持召开中央财经委员会第一次会议时强调，"产业扶贫要在扶持贫困地区农产品产销对接上拿出管用措施"，解决

产销对接是完善产业扶贫的重要举措。

中国供销农产品批发市场控股有限公司（简称供销农批）是中华全国供销合作总社下属企业，是全国唯一以农产品批发市场建设和运营为主营业务的中央企业，是我国农产品流通的综合服务商，在加强农产品市场体系建设、加快农产品流通领域起到了不可替代的作用。供销农批聚焦优质特色农产品，通过采取建设标准化生产基地和仓储冷链设施、培育新型农业经营主体、强化品牌建设、畅通营销渠道等措施，让广大农村地区特别是贫困地区的优质农产品不仅产得出、产得好，还能卖得出去、卖上好价钱。

为助力贫困地区脱贫攻坚，打通农产品到餐桌的"最后一公里"，真正做到让贫困农户富裕起来，基金决定投资供销农批，在贫困地区建设农产品批发市场。

二、企业简介

供销农批是中华全国供销合作总社为提高农产品流通效率、增强供销社服务"三农"能力，于 2009 年 9 月报请国务院批准成立的专业从事农产品批发市场建设和运营的专业性公司。供销农批致力于打造农产品大宗交易平台和冷链物流平台，以"让农民开心、市民舒心、政府放心"为企业宗旨，围绕农产品批发市场开发建设和管理运营主线，在全国快速布局了一批网点，初步构建了批发市场网络体系。截至 2019 年底，供销农批在全国布局了 39 家批发市场，其中全资和绝对控股农产品批发市场 21 家，全国农产品流通网络初见规模。

三、资金使用情况

央企扶贫基金于 2017 年 6 月投资 3 亿元，成为供销农批的股东，支持供销农批在国家贫困地区建设农产品批发市场，打通贫困地区产销渠道。资金具体使用情况如表 6–3 所示。

表 6–3　　　　　　　央企扶贫基金资金投向项目情况

序号	公司名称	所在地	投资金额（万元）
1	延安新农商大市场有限公司	陕西延安市宝塔区	10 000
2	萍乡中合农产品市场有限公司	江西萍乡市安源区	5 000
3	金寨中合兴业市场管理有限公司	安徽六安市金寨县	8 600
4	宁夏中合市场建设开发有限公司	宁夏中卫市海原县	1 400
5	黄冈中合农产品市场有限公司	湖北黄冈市蕲春县	5 000
	合计		30 000

四、企业扶贫模式和效果

（一）直接生产带动

中国供销寻乌现代农业示范园是由供销农批在寻乌县投资兴建的重点扶贫项目之一，至今共投入资金约 2 000 万元，按每亩每年每户 888 元的标准流转土地 229.6 亩，建设高标准智能温室大棚，并将大棚免费给予农户种植，由供销农批统一发放种苗、肥料、药剂等，农户自行管理各自区域，待蔬菜成熟上市后由供销农批协助销售。项目涉及农户 199 户，其中建档立卡贫困户 42 户，现已有 39 户脱贫。待项目整体建设完成后，预计涉及农户约 300 户，其中建档立卡贫困户约 80 户。

（二）提供就业岗位

中国供销寻乌现代农业示范园的自主种植管理区域优先为当地有劳动能力的建档立卡贫困户提供就业岗位，目前已吸纳长期就业农户 60 人左右，每人每天工资为 70～120 元，其中建档立卡贫困户为 40 人，人均年增收约 2.5 万元。

（三）资产收益带动

中国供销寻乌现代农业示范园项目组织高布村 88 户建档立卡贫困户成立蔬菜专业合作社，每户贫困户参股 500 元，从 2017 年至 2020 年，每户贫困户每年可从中获得固定分红 1 000 元。

（四）扶贫先扶智、扶志

供销农批还不定期举办培训会，开办蔬菜种植技术培训班，免费向种植户传授科学种植技术并实地指导，帮助种植户提升种植技术，减少因管护失误造成的损失。

案例十五　金徽酒股份有限公司

一、投资背景

徽县位于甘肃省东南部、陇南市东北部，地处秦岭山脉南麓，属秦巴山片区。金徽酒股份有限公司（简称金徽酒）坐落于此，是国内为数不多的注册在贫困地区的上市公司。多年来，金徽酒以产业扶贫、就业扶贫、教育扶贫和社会救助为抓手，探索建立长效扶贫机制，注重扶贫扶志，增强地区自身造血能力，做到真扶贫、扶真贫、真脱贫。

为加强主业，金徽酒于2019年进行了上市公司定增。为支持贫困地区优秀企业发展，打造资本运作平台，助力脱贫攻坚，贫困地区产业发展基金与央企扶贫基金共投资1.5亿元，支持金徽酒发展，并同金徽酒一起探索"资本扶贫"模式。

二、企业简介

金徽酒是以优质白酒酿造为主，集科技研发、物流配送、网络营销、观光旅游为一体的现代化大型白酒企业。作为甘肃省区域白酒龙头企业、西北地区强势白酒品牌，金徽酒具有较强的品牌影响力和知名度，2016年在上海证券交易所上市（股票代码：603919）。

金徽酒连续多年位列甘肃非公有制经济企业纳税前三名，成为甘肃省规模宏大、品牌影响力深远、纳税金额领先的中华老字号白酒企业，已经成为甘肃名片。金徽酒先后获得了"中国驰名商标""纯粮固态发酵白酒""地理标志保护产品""绿色食品"等多项认证，获得布鲁塞尔大奖赛金奖，被国家工信部认定为"绿色工厂"。

三、资金使用情况

金徽酒于 2019 年 5 月 24 日完成非公开发行工作，募集资金净额为

36 019.88 万元。其中,两只产业扶贫基金投资共计 1.5 亿元,资金用于车间技术改造、生产及综合配套中心建设等。

四、企业扶贫模式和效果

(一)提供就业岗位

金徽酒所在地甘肃省陇南市属于秦巴山区连片特困地区,发展相对落后,贫困人口基本都在从事第一产业。金徽酒在发展过程中已为当地提供千余个就业岗位,通过开展职业培训和劳动技能培训,提升贫困人口劳动技能,并为其提供优厚的薪资福利和畅通的职业发展道路,彻底改变了贫困员工的命运。2014 年至 2018 年,金徽酒共计解决就业 2 142 人,员工人均年收入超过 11 万元,真正实现了"一人就业,全家脱贫"。

(二)增加地方税收

2014 年至 2018 年,金徽酒累计缴纳税款 18.39 亿元,年均纳税 3.67 亿元,2018 年纳税突破了 4 亿元,极大充实了贫困地区财政收入,支持了贫困地区经济发展。

(三)扶贫先扶智、扶志

从 2009 年起,金徽酒在兰州连续开展了 11 期"金徽-正能量爱心助学"活动,共资助兰州大学、西北师范大学、兰州交通大学、甘肃政法大学和兰州财经大学五所高校贫困学子 550 人。2018 年起,金徽酒在西北五省开展金徽正能量精准扶贫公益助学活动,投入资金 1 400 万元。此外,金徽酒捐建黎明小学、贺店小学,资助陇南和通渭教育事业,极大地改变了当地的教学环境,通过扶贫与扶智相结合的模式,从源头解决贫困问题。

案例十六　广西中旅德天瀑布旅游开发有限公司

一、投资背景

广西壮族自治区崇左市大新县是滇桂黔石漠化片区规划县、左右江革命老区县，贫困发生率为 12.17%。县域位于云贵高原南缘，西面与越南社会主义共和国毗连，地处南宁、百色、崇左三座中心城市的交汇处，是中国通往越南及东南亚各国便捷的陆路大通道之一。

德天-板约瀑布横跨中国、越南两个国家，中国侧叫德天瀑布，位于崇左市大新县，越南侧叫板约瀑布，合称"德天-板约瀑布"，是亚洲第一大跨国瀑布，2018 年景区年客流量已超过 130 万人次。德天-板约瀑布跨

境旅游合作区是我国首个确立的跨境旅游合作区，该项目是中越两党总书记见证、两国政府签署的重点项目，是"一带一路"倡议建设的重点园区，已得到国务院、外交部与广西壮族自治区政府的多方位支持。该项目同时承担着推进中越文化交流融合、促进"一带一路"旅游合作发展的战略使命。作为全国首个跨境旅游合作区，德天瀑布项目受到国家和自治区的高度重视和大力支持，在旅游投资、建设、管理等方面给予先行先试的创新机遇。

为促进广西贫困地区经济发展和旅游产业发展，推进中越文化交流融合、促进"一带一路"旅游合作发展，央企扶贫基金决定与香港中旅国际投资有限公司（简称港中旅）共同投资德天瀑布项目。

二、企业简介

广西中旅德天瀑布旅游开发有限公司成立于 2019 年 5 月 28 日，主营旅游项目开发经营、陆路旅游观光车经营管理、酒店经营管理服务、园林绿化、景区游览服务、演艺经营与管理、入境旅游业务、出境旅游业务、国内旅游业务、旅游景区管理等业务。

　　港中旅是项目投资的大股东，是香港中旅（集团）有限公司控股的 H
股上市公司（HK：00308）。自 2017 年开始，港中旅进一步优化旅游目的
地战略，以广西、四川、云南等旅游大省和粤港澳大湾区等城市群进行重
点布局，推出"港中旅国家度假公园"模式，在广西等地重点深耕和发
展。德天瀑布项目是"港中旅（左右江）国家度假公园"战略实施的核心
支撑项目，以德天瀑布项目为龙头的广西左右江国家度假公园项目的落地
发展将为"港中旅国家度假公园"模式的开发树立国际化标杆。

三、资金使用情况

　　央企扶贫基金认缴投资 2 亿元，以股权方式参与，投资用于德天瀑布
项目核心区域景区建设。

四、企业扶贫模式和效果

（一）提供就业岗位

德天瀑布项目运营成熟期每年可直接提供就业岗位 686 个，其中安保、

保洁、绿化、综合服务等基层岗位经过短期培训，可以吸纳当地 274 名贫困人员就业，按崇左市 2018 年人均工资性收入 5.5 万元计算，德天瀑布项目运营成熟期每年可为贫困就业人口支付工资性收入 1 507 万元。同时，贫困就业人口还将加入社保体系，退休后有退休工资，生病有医疗保险覆盖，免除了"因病致贫，因病返贫"的后顾之忧。

（二）增加地方税收

德天瀑布项目运营成熟期每年可实现经营收入 4.2 亿元、利润总额 1.57 亿元，缴纳各种税费（增值税、城建税、教育费附加、企业所得税等）6 295 万元，为地方财政收入做出重要贡献。同时项目的成功运营将会大幅提升周边土地价值、房地产价格，为当地政府带来更多财政收入。

（三）助力产业升级

一是德天瀑布项目可以联动协同周边景区，以德天瀑布项目为龙头，打造世界级的大德天旅游度假目的地，将辐射带动周边餐饮业、零售业、住宿业等行业发展，促进农产品就地销售，贫困农户就地就业。

二是德天瀑布项目也将带动种植业、养殖业、特色农业、特色工业的发展，提高农产品附加值，实现一、二、三产业融合发展，促进产业结构调整升级，在产业发展及产业升级中采取多种形式助推贫困户及贫困人员创业就业。

三是德天瀑布项目作为中国-越南"一带一路"合作排头兵的所在地，将为广西建设旅游强区贡献重要力量。同时，德天瀑布项目集观光度假、区域旅游集散于一身，将有利于重塑广西旅游格局，推动大新县成为与桂林并列的广西全域旅游新名片。

四是由于德天瀑布项目地处中越边境，该项目的实施落地有利于带动当地就业，促进人口数量稳定发展，从而达成进一步强化守土固边功能的目的。

案例十七 万魔声学科技有限公司

一、投资背景

随着人们购买力的提高、在线流媒体服务的渗透以及智能手机等移动设备的普及，全球消费级耳机进入稳步发展期。耳机技术的更新使得耳机产品单价进一步提升，带动全球耳机市场规模稳定增长。预计2022年，全球耳机市场总规模将超过200亿美元。2017年国内耳机耳麦零售额达到92亿元，同比增长43%，是增速最快的技术消费品之一。在国产厂商技术进步与国内市场需求提高的双轮驱动下，国产品牌耳机迎来发展良机。

万魔声学科技有限公司（简称万魔声学）成立于2013年，是小米公司较早的生态链企业，选定研发高性价比、具有品质优势的耳机，抓住目前

发展良机，成为行业龙头企业。万魔声学的代工厂湖南国声声学股份有限公司（简称湖南国声）位于株洲市炎陵县，炎陵县地处井冈山西麓，是革命老区和欠发达地区，属于罗霄山片区县。

为助力炎陵县脱贫攻坚，依托优势龙头企业，加强当地扶贫造血能力，建立与贫困户的利益联结机制，实践"基金＋产业龙头＋贫困地区资源＋贫困户"的产业扶贫模式，央企扶贫基金决定投资万魔声学，为其提供资金支持，助力其在贫困地区的产业扶贫。

二、企业简介

万魔声学主要从事耳机、音箱、智能声学类产品以及关键声学零部件的研发设计、制造和销售业务，是我国领先的声学设备设计和制造商，其产品已经获得包括德国 iF 设计奖、德国红点设计奖、美国 IDA 时尚设计奖、日本优良设计奖等在内的多项国际设计奖，旗下 1more 品牌也是我国市场份额最大的耳机品牌之一。

三、资金使用情况

央企扶贫基金投资万魔声学 1.7 亿元，用于采购代工企业湖南国声生产的上游产品。截至 2019 年 9 月，万魔声学从湖南国声采购上游产品价值超过 1.2 亿元。

四、企业扶贫模式和效果

（一）提供就业岗位

万魔声学代工企业湖南国声按照"公司＋贫困户"的模式，优先选聘建档立卡贫困户就业，并对贫困户员工进行长期技能培训和就业帮扶。自

2017 年 6 月份签约到 2017 年 8 月份投产，仅仅两个多月时间便已帮助 1 100 名农民实现就业，其中建档立卡贫困人口 200 多，人均月薪 3 000 元以上。截至 2019 年 9 月，湖南国声已通过招工、校企合作等方式带动就业 3 000 多人，炎陵本地员工占比 95%，为近 300 名建档立卡贫困人口提供就业机会，并助力其脱贫致富。

（二）增加地方税收

2018 年湖南国声全年营收超过 5 亿元，为当地缴税超过 2 000 万元，2019 年全年营收达到 10 亿元，缴税 3 000 万元以上，为当地财政收入做出重要贡献。

（三）巩固脱贫成果

2018 年 6 月，经国家专项评估检查，炎陵县符合贫困县退出条件，湖南省政府正式批复同意炎陵县脱贫摘帽，退出贫困县序列。为了进一步助力炎陵人民巩固脱贫成果，万魔声学联合湖南国声计划用 10 年时间在炎陵县建设一个以耳机、音箱、智能穿戴、助听器为核心产品的声学产业园，并将在炎帝陵景区周边建设一个声学博物馆和声学研究中心，打造一个以声学文化为核心的文化旅游基地，继续助力炎陵县产业发展，巩固脱贫攻坚成果。

参考文献

1. 中共中央　国务院关于打赢脱贫攻坚战的决定. 2015 - 11 - 29.

2. 刘明月，仇焕广，汪三贵. 产业扶贫基金的运行机制及效果. 中国软科学，2019（7）：25 - 34.

3. 关于创新发展扶贫小额信贷的指导意见. 2014 - 12 - 10.

4. 中国制造 2025. 2015 - 05 - 08.

5. 关于金融支持工业稳增长调结构增效益的若干意见. 2016 - 02 - 14.

6. 加强信息共享　促进产融合作行动方案. 2016 - 03 - 03.

7. 关于金融支持制造强国建设的指导意见. 2017 - 03 - 30.

后　记

　　国投创益产业基金管理有限公司成立于2013年12月，于2014年受托管理贫困地区产业发展基金，2016年受托管理中央企业贫困地区产业投资基金。基金扶贫是一件新事、好事，同时也是大事、难事。在国务院国资委、财政部、国务院扶贫办等相关部门的支持和关怀下，国投创益积极探索、努力实践，积极为国家脱贫攻坚贡献基金方案。为了总结过去的经验，系统展现产业基金扶贫的成果和模式，完成党中央、国务院交给国投创益的光荣使命，公司决定将六年来实践与探索产业基金扶贫的成果所得整理出版。

　　全书分为六章，第一章阐述产业基金扶贫的发展历程、意义、特点等内容；第二章介绍产业基金扶贫管理体系，详细介绍了其目的和意义、要求和原则以及内涵等内容；第三章介绍产业基金扶贫管理方法，通过运营管理、目标管理、基础管理三个方面阐释产业基金扶贫管理的方法模型；第四章介绍评价体系，分别从基金和投资项目的经济效益及社会效益出发进行分析；第五章介绍产业基金扶贫成效与未来发展展望；第六章选取基金投资的成功案例，为前面几章的内容提供例证，也增强了整本书的可读性。

　　2020年是决胜全面建成小康社会之年，坚决打好精准脱贫攻坚战，是全面建成小康社会的必然要求。本书的出版，既是国投创益成立六年来对产业基金扶贫实践的回顾，也是对未来利用基金方案解决更多发展问题的探索和展望。本书的出版，离不开各央企股东和国家开发投资集团有限公司的大力支持和配合，以及王聪、杜凯迪、张成洋、付少勇、叶潇予、张真、明晓磊、张隐、何钢、王凯民、邱明明、金宏春、包跃基、崔瑶瑶、邹硕、李曦等国投创益员工的共同努力，真诚期待广大读者对本书及产业基金扶贫工作提出建设性意见和建议。

编　者

2020 年 6 月

图书在版编目（CIP）数据

产业基金扶贫实践与探索/国投创益产业基金管理有限公司组织编写. -- 北京：中国人民大学出版社，2020.6

ISBN 978-7-300-28265-7

Ⅰ.①产… Ⅱ.①国… Ⅲ.①基金-产业经济-关系-扶贫-研究-中国 Ⅳ.①F832.21 ②F126

中国版本图书馆 CIP 数据核字（2020）第 103275 号

产业基金扶贫实践与探索

国投创益产业基金管理有限公司　组织编写

Chanye Jijin Fupin Shijian yu Tansuo

出版发行	中国人民大学出版社				
社　址	北京中关村大街 31 号		**邮政编码**	100080	
电　话	010 - 62511242（总编室）		010 - 62511770（质管部）		
	010 - 82501766（邮购部）		010 - 62514148（门市部）		
	010 - 62515195（发行公司）		010 - 62515275（盗版举报）		
网　址	http://www.crup.com.cn				
经　销	新华书店				
印　刷	北京瑞禾彩色印刷有限公司				
规　格	160 mm×235 mm　16 开本		**版　次**	2020 年 6 月第 1 版	
印　张	13.75		**印　次**	2020 年 6 月第 1 次印刷	
字　数	199 000		**定　价**	68.00 元